U0927020

学员热烈欢迎张恩嘉老师走进课堂

《实战盈利倍增系统》课程合影

“与世界对话”论坛上张恩嘉老师与参会嘉宾合影

张恩嘉老师与世界第一名谈判大师罗杰·道森

张恩嘉老师激情演讲中

张恩嘉老师与学员在培训现场交流分享

张恩嘉老师为企业家精彩交流分享

张恩嘉老师授课中

张恩嘉老师授课中

培训课程中张恩嘉老师与学员精彩互动

模式为王

占位商业利润之争的制高点

张恩嘉◎著

中国财富出版社

图书在版编目（CIP）数据

模式为王：占位商业利润之争的制高点/张恩嘉著.—北京：中国财富出版社，2014.10

ISBN 978-7-5047-5330-4

Ⅰ.①模… Ⅱ.①张… Ⅲ.①商业模式 Ⅳ.①F71

中国版本图书馆 CIP 数据核字（2014）第 179324 号

策划编辑 范虹轶　　**责任印制** 方朋远
责任编辑 苏佳斌　姜莉君　　**责任校对** 杨小静

出版发行 中国财富出版社
社　　址 北京市丰台区南四环西路 188 号 5 区 20 楼　**邮政编码** 100070
电　　话 010-52227568（发行部）　010-52227588 转 307（总编室）
010-68589540（读者服务部）　010-52227588 转 305（质检部）
网　　址 http：//www.cfpress.com.cn
经　　销 新华书店
印　　刷 三河市西华印务有限公司
书　　号 ISBN 978-7-5047-5330-4/F·2198
开　　本 710mm×1000mm　1/16　　**版　　次** 2014 年 10 月第 1 版
印　　张 13.75　**彩　页** 2　　**印　　次** 2014 年 10 月第 1 次印刷
字　　数 201 千字　　**定　　价** 35.00 元

前 言

为什么有些企业拥有很强的技术却无法获得满意的经济效益？为什么一些质量好的产品却得不到市场的认可？因为这些企业和产品忽略了重要的一点——商业模式。

今天，美国企业60%的创新都是商业模式的创新，而技术创新只占到了40%。随着人工成本、原材料价格等的上涨，技术领先、差异化和低成本战略已经难以适应企业的发展要求。在这样一个新的商业环境里，仅从战略、营销、技术创新、组织行为等方面进行调整和改善，是很难取得理想效果的。重构商业模式已经成为企业持续发展、保持竞争优势的一个重要选择。

调查显示：在企业中，选错战略而导致失败的占23%，执行力不当而夭折的占28%，而由于没有找到赢利模式而走上绝路的却高达49%。由此可见，商业模式是企业竞争制胜的关键。

为什么“中国制造”会被外资企业挤压在“微笑利润曲线”的底端，挣扎着生存？因为很多企业经营者还将自己的视线盯在企业的某个局部（市场、生产、财务等），他们整天张口闭口都是节约成本、营销战法、赢利模式。但敌军已经来到城下的时候，却还在盘算着阵营里的事情。

20世纪90年代以来，我国经济步入全球化，加入WTO更是大大加快了这一进程，有力地提升了经济发展效率，同时也使企业的竞争环境变得更加复杂。在全球化背景下，业务模式创新已经成为不同类型企业、同一企业不同发展阶段持续变革的主题。因此，企业未来发展方向必然会是“模式为王”。

不同的商业模式决定不同的企业结局！好的商业模式可以举重若轻、化繁为简，不管是在赢得顾客上，还是在吸引投资者上，抑或是在利润创造方面，都可以形成一个良性的物质循环，使企业更加快速、高效地成长。即使是在竞争激烈的商业环境中，也可以后来居上，轻松赚取利润。

作　者

2014年6月

目 录

第一章

模式决定成败， 不注重模式的企业必被淘汰

当今企业之间的竞争，不是产品之间的竞争，而是商业模式之间的竞争。

——现代管理学之父　彼得·德鲁克

从手机战国中的华为说起

模式决定成败，不注重模式的企业必然会遭遇淘汰的命运！只有不断进行模式的创新，才能让企业获得长久的发展！为了说明这个问题，我们先来了解一下手机战国中的大将——华为。

1987 年，华为在中国深圳正式注册成立，主要生产、销售通信设备，产品包括通信网络中的交换网络、传输网络、无线（有线）固定接入网络和数据通信网络、无线终端产品，为世界各地的通信运营商和拥有专业网络者提供硬件设备、软件服务和解决方案。

资料显示，截至 2008 年年底，在国际市场上华为已经进入 100 多个国家和地区。2013 年，在《财富》世界 500 强中，华为位居第 315 位，与上年相比前进了 36 位。

在手机战国中，华为是靠什么崛起的呢？

1. 技术上的勇于创新

要想做好品牌出口，就要具备强有力的技术基础，尤其是高科技行业。如果缺少核心技术，品牌就会成为一具空壳，失去生命力。因此，华为从一开始就非常重视自主的技术路线。比如，研发的特定用途集成芯片（ASIC）。

1999 年华为发现，开发 WCDMA、ASIC 技术是一种必然趋势；要想进一步提高 WCDMA 产品在国际上的竞争力水平，就要在核心技术上独立自主。于是，他们便启动了自己的 ASIC 项目。事实证明，华为的做法是正确的！

其实，华为想在核心技术上取得突破的思路是与生俱来的。1988 年华为刚刚成立的时候，中国的电信设备市场几乎已经完全被跨国公司瓜分完了，作为一个新生儿，华为只能在跨国公司的夹缝中艰难求生。

开始的时候，华为仅仅代理香港一家企业的模拟交换机，没有自己的产品、技术，更谈不上品牌。可是，志向远大的华为毫不犹豫地把代理所获的微薄利润都投放到了小型交换机的自主研发上，实现了局部突破，取得了技术上的领先地位；即使有了新利润，他们依然会将这些利润再次投入到升级换代和其他通信技术的研发中……周而复始，专心致志，这就为华为的品牌战略奠定了坚实的技术基础。

2. 农村包围城市的战略思维

中国革命之所以能够获得成功，一个重要战略是农村包围城市。同样，华为在实施海外战略的时候也借鉴了这条经验。1995 年，华为开始了拓展国际市场的漫长旅程。

通过对国际形势的认真研究，华为认识到：贫穷国家的百姓一般都没有支付能力，自己很难赢利；富有国家的百姓一般都很有钱，可他们通常都热衷于购买欧美大公司的产品；只有那些手头紧但经济发展有潜力的国家才是最合适的目标，最终他们将自己的起点定在了非洲和亚洲等地区的第三世界国家。

这一战略思路很清晰，可是真正走起来也并不是一件容易的事情。可喜的是，华为有着非常强的坚持力，屡战屡败、屡败屡战，依然能够独立承受。通过六年的漫长拼搏，2001 年华为终于在国际市场上占有了一席之地。这一年，华为的产品已经进入非洲、亚洲等地区十几个国家，年销售额超过了 3 亿美元……华为的品牌在第三世界国家逐步叫响！

3. 积极打开核心市场

华为就像是一个雄心勃勃的斗士，从 1998 年开始就把触角探向了世界的核心市场——欧美市场。进入欧美市场的时候，他们也是先从边缘做起的。

1998 年，总裁李杰奔赴莫斯科开拓市场。一到莫斯科，他们就立刻将俄罗斯的每一个地区都跑了一遍，在竞争对手滑雪、和家人团聚的时候，他们都在抓紧时间攻取阵地。可是，连续两年，他们都一无所获。即使这样，他们依然坚持了下来。

锲而不舍的坚持让华为最终有了收获：2001 年，华为与俄罗斯国家电信部门签署了上千万美元的 GSM 设备供应合同；2002 年年底，获得了 3797 千米的超长距离国家光传输干线的订单……到 2003 年，在独联体国家，华为的销售额已经超过了 3 亿美元，位居独联体国家市场国际大型设备供应商的前列。

接着，华为开始向西欧、北美等地区挺进，同时还把欧洲地区总部的中心设在了巴黎。开始的时候，华为欧洲地区总部只有两个人，连运营商的门都进不去。为了让客户了解中国，华为不仅印制了反映中国建设成就和美丽风光的精美画册，赠送给客户；还通过各种渠道，把客户请到国内，带他们参观了北京、上海、深圳等地，向客户展示了中国改革开放后的巨大变化，展示了华为的规模和实力……这样，客户对中国和华为的认识逐步有了改变。

今天，华为海外销售额已经高达上百亿美元，产品已经进入德国、法国、英国、葡萄牙、荷兰、美国、加拿大等欧美 14 个发达国家。而且，华为还在全球建立了 8 个地区部、55 个代表处和技术服务中心，销售（服务）网络遍布全球。

4. 商业模式的创新

在华为崛起之前，电信业是一个技术驱动的产业，会经历这样一个循环：企业先投入巨资研发新产品，然后定一个高价，赚取高额利润，回收研发成本；接着，再投入开发新产品；当产品量、跟随者大量进入后，便开始降价，产品生命周期快速进入末期，开始向市场推广新产品，赚取高额利润……如此周而复始。

其实，这种商业模式就是典型的“王小二卖豆腐”：王小二投入一点资金开了一家豆腐店，一斤卖2元，有人看见有利可图，就开了第二家豆腐店；接着，王小二为了占得竞争优势，就将价格降到1.5元。之后，三家、四家……豆腐店越开越多，有些豆腐店的价格降到了0.8元，最后王小二豆腐店只好关门。

IT泡沫之后，华为敏锐地发现，技术的发展已经远远超过了目前的客户需求，新技术被市场证明的难度越来越大，电信业已经由技术驱动转变为客户需求驱动。华为将自己定位为量产型公司，进行了商业模式的创新。

通常来说，新产品投入市场的时候都是以两三年后量产的模型来定价的，开始的时候都会出现亏损。由于竞争对手在成本上的优势，新公司自然会丢掉一定的市场份额；同时，不可能有小公司再度崛起。华为拓展国际市场的时候也是如此！华为是从1998年开始拓展巴西市场的，结果连续亏损了8年，可是2008年的收入却超过了1亿美元。如果华为是一家上市公司，可能在第三年就会将巴西分公司砍掉，要真是那样就不会有今天的市场业绩了。

5. 融资模式的创新

一般来说，西方公司都是采用并购的方式来扩充产品线的，一则可以形成整体的解决方案，二则有利于形成一条整合产业链，快速响应市场的要求。可是，这种方式也有一定的弊端——主业用赚取的利润购买了新的产品线，促使竞争力下降。为了提高竞争力，华为却采取了与之相反的做法。

华为知道，中国的研发成本很低，于是便招聘了大量的研发人员。他们先利用主业务的研发和营销平台来培育新产品，当新产品做大后，就将其销售出去。这样做，不仅可以起到一定的融资作用，还可以将融资来的资金投入到核心产品的研发和市场中，迅速扩大市场份额，提高竞争力。

今天，华为海外市场的销售收入已经突破了20亿美元，占了总销售收入的四成；更令人感到欣慰的是，华为的所有出口产品都是高科技产品，都是华为的自主品牌。也就是说，华为的海外战略从一开始就选择了一条最艰难的道路——自主品牌出口。

在某种程度上来说，华为的融资模式改变了世界对中国企业和产品的看法，华为的海外战略是成功的！

再看商业模式

商业模式是创业者的创意，虽然它第一次出现在20世纪50年代，但直到20世纪90年代才开始被广泛使用和传播，可是今天已经成为创业者和风险投资者挂在嘴边的一个名词。有一个好的商业模式，就等于成功了一半！

1998年圣诞节，美国网上购物人潮汹涌，美国联合货运公司（UPS）承运了其中55%的商品，美国的邮政系统承运了32%，联邦快运承担了10%。UPS公司宣称，他们业务的60%都是通过网络开展的，1999年的网络收入达53.4亿美元。

随着网络时代的到来，快运公司已经一改过去的模样。UPS公司在美国全国范围内建立了仓储和包装系统，可以在顾客需要的时间内送货上门；配送单也是在网上流通的；最难能可贵的是，顾客能在网上看到配送过程中自己的商品到达了什么地方，这大大降低了顾客的不安全感；UPS

公司还为自己的客户提供免费接入，客户可以随时查看货物的流动状况……

联邦快递（FedEx）公司过去就有自己的网络系统，只不过不在互联网上。后来，FedEx 公司收购了一家软件公司。为了方便与互联网接轨，为客户提供“一站式”服务，公司还对过去的系统进行了全面改造：客户想买什么，只要发一封电子邮件就可以了，剩下的就全部由公司来做。

网络和电子商务的出现，让这些“老兵”找到了新的、更刺激的岗位！在网络经济活跃的今天，传统公司一定会被淘汰么？不一定！上面的这些快递公司不仅经营得挺好，而且更加欣欣向荣。如今，经过脱胎换骨的改造，快递公司已经摆脱了“傻大黑粗”的形象，成了网络经济中第一批赢家。这就是商业模式的力量！那么，究竟什么是商业模式呢？

所谓商业模式，就是公司通过什么途径或方式来赢利，比如，饮料公司是通过卖饮料来获利的，快递公司是通过送快递来获利的，通信公司是通过收话费来获利的，超市是通过平台和仓储来获利的……只要是能够赚到钱的地方，就存在一定的商业模式。

研究发现，成功的商业模式一般都具有以下三个特征：

1. 能提供独特的价值

这种独特的价值，可能是一种新思想，更多的时候是一种产品（服务）独特性的组合。这种组合，不仅可以向客户提供额外的价值，还可以让客户用更低的价格获得同样的利益，或者用同样的价格获得更多的利益。

2. 他人难以模仿

成功的商业模式是难以模仿的！为了确保自己的利润不受侵犯，企业一般都是通过确立自己与众不同的商业模式来提高进入行业的门槛的，比如：对客户的悉心照顾、无与伦比的售后服务等。

今天，人们都知道戴尔公司是直销的标杆，也知道直销的运作模式，可是却不能复制戴尔的直销模式，为什么？主要就在于在“直销”的背后，有一整套难以复制的资源和生产流程。

3. 脚踏实地

今天，很多企业都不明白这些问题：自己的赢利从何处赚来？客户为什么会看中自己企业的产品（服务）？有多少客户不能为企业带来利润、反而会侵蚀企业的收入？……要想做到量入为出、收支平衡，要想日复一日、年复一年地做到，并不容易！只有脚踏实地，才能实现！

商业模式的组成及要素

商业模式是一个企业满足消费者需求的系统，这个系统组织管理着企业的各种资源，如资金、原材料、人力资源、作业方式、销售方式、信息、品牌和知识产权、企业所处的环境、创新力等，可以为消费者提供无法自力而必须购买的产品（服务）。

通常来说，优秀的商业模式至少要包含以下基本元素。

1. 价值定位

所谓价值定位，就是公司所要填补的需求是什么，或者说要解决什么样的问题。

做价值定位的时候，必须明确这些问题：如何定义目标客户？客户的问题和痛点是什么？独特的解决方案怎样？从客户的角度来看，这种解决方案的净效益如何？

2. 目标市场

所谓目标市场，指的是公司打算通过营销来吸引的客户群。

公司一般都是向他们出售产品（服务），在这个细分市场，要有具体的人数统计和购买产品的方式。

3. 销售和营销模式

销售和营销模式，是指如何接触到客户。

就目前来说，最流行的方式是口头演讲和病毒式营销，可是仅凭这两种方式来启动一项新业务远远不够。在销售渠道和营销提案上，要做得具体一些。

4. 生产模式

生产模式，是指公司是如何制作产品（服务）的。

常规的做法主要有：家庭制作、外包、直接买现成的部件等。其中，最关键的问题是——进入市场的时间和成本。

5. 分销模式

分销模式，是指公司是如何销售产品（服务）的。

有些产品（服务）可以在网上进行销售，有些产品需要多层次的分销商、合作伙伴或增值零售商。公司要规划好自己的产品，仅仅是在当地销售，还是在全球范围销售？

6. 收入模式

收入模式，是指公司是如何赚钱的。

最重要的工作是，向自己和投资人解释清楚如何来确定商品的价格，收入现金流能否满足所有的花费（包括日常开支和售后支持费用），同时还有不错的回报。

7. 成本结构

所谓成本结构，就是公司的成本有哪些。

刚成立的公司一般都只关注直接成本，低估了营销和销售成本、日常开支和售后成本。在计算成本时，可以把预估的成本与同类公司发布出来的报告进行对比。

8. 竞争现状

竞争现状，即创业公司面临多少竞争者？

在一定程度上来说，没有竞争者就没有市场；可是一旦出现10个以上的竞争者，就说明市场已经饱和。

9. 独特的销售方案

独特的销售方案，即公司如何使自己的产品（服务）与众不同。

任何一个投资者都希望自己投资的公司拥有的一种可以持续的竞争优势——独特的销售方案，短期打折或促销都不是独特的销售方案。

10. 市场大小、增长情况和份额

需要明确这样几个问题：创业公司产品的市场有多大？是在增长，还是在缩小？能获得多少份额？

商业模式的进化路线图

从根本上来说，商业模式的创新是建立在为客户提供价值的基础之上的，商业模式是一种关于客户价值的模式。

在大多数行业中，只要出现竞争都会导致某种价值主张的演化发展。通常来说，这种价值主张的发展会经历由低到高、由小到大的五个级别：满足需求的产品、优质产品、配以出色服务的优质产品、为客户带来经济价值、客户创新，价值由低到高、由弱到强、由小到大，利润也由低到高。

客户价值阶梯是企业价值战略和商业模式创新演化的路径，沿着这样的路径一步一步地进行，就可以挖掘到更大的、利润更高的客户价值，也可以看到一幅商业模式的进化路线图！

1. 台阶一：满足需求的产品

在行业初始（产品）阶段，企业一般都会向客户提供满足基本需求的产品。这个阶段，产品往往专注于性能、质量和成本。在这个台阶上，如果企业推出的产品能够独树一帜，尤其是在初级市场上，如果企业能开发出品类创新的产品，也是能够为客户带来一定的价值的。

在这个阶段，价格的竞争最激烈，但附加值最低。

2. 台阶二：优质产品

由于竞争对手会对产品进行复制，客户就可以从多家供应商中加以选择。竞争的出现，不仅降低了价格和利润，还促使企业不得不在产品上进行创新——用更低的成本生产出更优质的产品。

台阶一和台阶二都是希望客户尽量多地购买自己的产品、设备，客户只要为所得到的产品付费就可以了。在这个时候，企业还没有站在真正为客户创造经济效益的角度上为客户服务。可以说，绝大部分企业都处于价值阶梯的前两个台阶，要么在为客户提供满足基本需求的产品，要么在提供优质产品，依然处于生产和销售阶段，还没有上升到更高的战略阶段。

3. 台阶三：配以出色服务的优质产品

为了应对竞争，有些企业会提高产品质量；为了支持产品，会推出一定的相关服务。在这个阶段，企业会为客户提供配套的产品（服务），会专注于系统可靠性和顾客总拥有成本的降低。远大中央空调就经历了从产品提供商向服务提供商的转型。

2004 年以前，远大中央空调主要是依靠卖空调产品和设备来赢利的。从 2005 年开始，远大空调开始了由产品供应商向服务提供商的转变。

远大发现，客户需要自己的产品（服务），其实并不是需要产品本身，而是需要远大为客户提供不间断的“冷和热”。有了这样的发现，他们就将能源合同管理引入到了中央空调行业，利用其完善的售后服务网络将客户价值延伸到了中央空调运行中，直接为客户提供“冷和热”。

按照这种新的模式，客户不再购买空调和支持服务，而是把供热、制冷需求“外包”给了远大，而远大则是销售“冷和热”，并按照建筑面积和复杂程度收取费用。对于客户来说，他们既可以得到理想的“冷和热”，不用关心中央空调主机的运行情况，还可以有力地减少维修人员和运行成本。

4. 台阶四：为客户带来经济价值

企业运营的经验告诉我们，从长远来看，仅仅销售产品（服务）所能够带来的利润是非常微薄的，真正的利润一般都来自为客户解决问题的行为当中。这种解决问题的能力能够为客户带来一定的经济价值，如提高销售额、降低采购费用、降低成本、提高价格、提高管理效率、减少投资需求的方式等。

在消费品行业，这种经济价值可能会体现在带给客户的情感价值。当企业帮助消费者获得更高的社会、个人或心理满足，从而令消费者得到改善的时候，就会创造出一种带给消费者的情感价值。

随着科学技术的不断进步、互联网的不断发展，企业核心正在由生产产品改为交付解决方案。为了适应这种潮流，很多企业都在身体力行地实践，比如，IBM、ABB、通用电气等企业都展开了向解决方案转型的商业模式调整。他们发现，这个阶段利润与增长并不是来自产品和零部件的销售，而是来自直接对客户自身所产生的经济效益当中。

当然，要实现这种转型，企业必须拥有提供解决方案的核心能力。如今，很多企业都正在将自身定位成咨询顾问的角色，在运营方面，为客户设计能够使他们提升利润的全盘解决方案。从这个意义上说，提供解决方案的核心能力就是：客户业务的专家、咨询顾问的能力和帮客户创造经济效益的能力。今天，已经有一些企业在这方面做出了创新，比如，立思辰、支付宝等就已经朝着为客户提供解决方案的模式上迈进了一大步。

5. 台阶五：客户创新

为了对客户的业务加以改造，在这个阶段，企业能够找出用于竞争和客户成长的创新方式——针对客户的创新行为。比如，在IT行业，英特尔和微软都拥有标准的战略控制手段，便对客户成长和竞争进行了改造，并达到了最高的价值创造台阶。

以上就是价值主张的五个台阶，也是企业价值战略不断上升的路径，更是企业商业模式价值创新的路线图。在这五个台阶中，前两个阶段是产品阶段，与之相比，后三个阶段在构建客户信任度和忠诚度方面具有更加可靠、安全的特点，企业利润也会更高。

今天，绝大部分企业都还处于价值阶梯的前两个阶段，后三个阶段几乎很少涉足，因此，企业的价值增值还有很长的路要走。可是，在迎接挑战的同时，还会获得很多创造更高价值的机会，因为没有竞争就是最好的竞争！当别人都处于前两个阶段的时候，如果你率先进入后三个阶段，就会很快进入更大的利润池。

商业的竞争最终是模式的竞争

商业模式是企业竞争制胜的关键！

企业经历了要素驱动与投资驱动两个阶段之后，就会向更高的境界迈进。现在，已经不是靠单一产品（技术）就能打天下的时代了，也不是靠着一两个小点子就能决出胜负的年代了。要想使企业获得更多的生存空间、能够获得持续赢利，必须依靠系统的安排、整体的力量——商业模式的设计。从这个意义上来说，商业的竞争也就是商业模式的竞争！

克罗克是麦当劳的总裁，一天，他到哈佛商学院给学生讲课，问道："同学们，我是做什么的？"台下的学生冲他笑着说："做快餐的！"

"错！我是做房地产的。"克罗克说，"如果我不做房地产，仅做快餐，麦当劳早就倒闭了。当然，房地产不是麦当劳独立的经营项目，而是与做快餐密切结合在一起。麦当劳采取的是一种特许经营方式，首先我们会把一个精心考察过的店铺租下来，租期20年，租金不变；然后，把这个店铺租给加盟商，并向每个加盟商加收20%的租金，之后再根据地产升值的情况进行相应的递增。因此，我认为，麦当劳赚的是地产的钱，而不是快餐的钱。"

麦当劳采取的是以快餐吆喝、以地产赢利的商业模式，其经营快餐不仅是为了直接赢利，也是为了招租。真正的赢利来源是房地产的增值带来的租金差！麦当劳之所以能够进行这样大范围的扩张，地产收益在中间起到了非常重要的作用。这就是商业模式的力量！

我们再来看看蒙牛。

蒙牛采用了一种“虚拟经营”模式——先建市场，再建工厂；通过联营、联盟、托管、外包和租赁等形式对所需的资源进行有效整合。

首先，蒙牛会把有限的资金投放于市场推广中，创造出一种良好的品牌效应，建立完善的销售渠道。其次，蒙牛依照产、学、研相结合的思路，与中国营养学会联合开发出一系列新产品，塑造出独具魅力的“蒙牛”品牌，提升在消费者心目中的形象和地位。

蒙牛把这种“两头在内，中间在外”的企业组织形式称作“杠铃型”。通过这种模式，蒙牛整合了大量的社会资源，把传统的“体内循环”变成了“体外循环”，比如，把物流的车队外包出去，自己只做和奶有关的事，运奶工作统统交给“奶的”。如此，传统的“企业办社会”就变成了“社会办企业”，蒙牛整合社会上大量的资源为我所用，真正实现了“资源不在拥有而在掌控”的最佳运作模式。

如今，企业之间的竞争不是产品之间的竞争，而是商业模式之间的竞争。不同的商业模式决定了不同的企业结局。优秀的商业模式可以使企业经营达到事半功倍的效果。

商业模式是资本市场辨别企业优劣的关键，也是企业获得成功的基石。未来企业的竞争，将是商业模式的竞争。商业模式是关系到企业生存存亡、兴衰成败的大事，企业要想获得成功就必须从制定成功的商业模式开始，新成立的企业是这样，处于发展期的企业更是如此！

第二章

商业模式凭什么能赢

什么叫好的商业模式？第一，有很好的赢利点；第二，有不错的系统平台支持；第三，要标准化运作。

——赢在中国

高利润——一切商业模式追求的结果

成功有一个指标性的东西，这个指标就是一切以利润为最终目的。不同的企业有着不同的追求目标，可是不管是什么目标都围绕一个中心——利润。

取得利润，是企业取得成功的基本标准！不管企业家追求的目标是什么，取得利润都是实现其他目标的先决条件，这一点在一些成功的企业家身上可以看到。

牛根生曾是伊利公司的一个洗碗工，可是靠着不懈的努力，他从最底层一直做到了伊利副总裁。1999年，在公司的事业蒸蒸日上的时候，牛根生被董事会免职，同时被免职的还有牛根生线上几位中层干部。大家凑到一起，最后决定要成立一家奶制品公司。

说干就干！他们把手里的股票纷纷卖掉，获得了100多万元的收入。依靠这笔资金，内蒙古蒙牛乳业公司成立了。

要想做市场，必须先建立营销渠道、打广告，100多万元显然是不够的！过去的老部下听说了这个情况后，纷纷入伙蒙牛。在这些人的带动下，他们的亲戚、朋友和业务关系都开始把钱投给牛根生。公司注册5个月之后，蒙牛就有了1000多万元的资金。

有了这笔资金，牛根生开始了真正的市场运作。他先用300多万元在呼和浩特进行了广告宣传，几乎在一夜之间，许多人都知道了“蒙牛”。接着，牛根生又拿出300万元对那些承包、租赁、托管的企业进行技术改造和设备更新；另外的300多万元，则用来建工厂。

之后，蒙牛便开始了“大跃进”——只用了4年的时间，就位居全国乳业排名第二位。资料显示，2003年蒙牛的销售收入已达到40亿元。

蒙牛的成功充分证实了这样一个道理：企业的成功，首先是高利润的获得。

今天，企业竭尽全力追求的是什么？答案毋庸置疑：利润，一切都是为了利润！如果没有利润，一切都是空谈！创造赢利，这是企业的最高原则，利润挂帅，永远不会错！

衣食足而知礼节，只有在解决了温饱的问题的基础上，人们才会谈论礼节。同样，只有解决了利润问题，企业才能谈股东利益、社会责任等；如果企业处于亏损状态，其他的都是空谈！

今天，有些企业为了实现营销创新，大力整合资源，一味追求销量而忽略了利润，致使企业沦入赢利较少甚至亏损的两难境地。在促销战、价格战成为常规销售手段后，“最大化追逐销量”“只求做出规模”成了营销利润低下的一个片面、畸形的因素。

中小企业一般都缺少核心竞争力、整合资源能力弱、品牌力度单薄、渠道终端管控能力差，对价格竞争、促销政策的依赖性很大，虽然会增加销量，但利润却少了；虽然规模上去了，自己却处于亏损状态……长此以往，不仅会损坏品牌形象，也会让企业发展壮大遭遇“瓶颈”问题；一旦形成恶性循环，还会面临倒闭的危险。

赢利，既是企业生存的命脉，也是企业发展的基础。如果没有利润，员工没有福利，政府得不到税收，银行收不到利息，企业必然会难以为继。企业没有利润，靠东挪西借负债过日子，虽然可以苟延残喘，但却是很难获得长期发展的，只有持续赢利企业才能健康地发展下去！

商业模式的三维立体模式

思路决定出路，布局决定格局，商业模式决定企业的成败！

今天，商业环境的竞争不是停留在产品、资本层面的比拼，更在于商业模式的升级换代。

商业模式是衔接企业发展战略、企业发展技术和企业发展资源组织配置的核心，是关系到企业生死存亡的大事，企业要想获得成功必须从制定成功的商业模式开始。

说到商业模式，不得不提到商业模式的三维立体模式。任何一个商业模式都是由客户价值主张、资源和生产过程、赢利模式构成的。

1. 客户价值主张

所谓客户价值主张，是指企业在既定价格上向客户（消费者）提供服务（产品）时所要完成的任务。

客户价值主张，在实际操作中主要体现在客户选择产品（服务）时的几项关键指标，比如，客户在采购大型设备时主要关注的是质量、售后服务、价格、品牌等关键指标；同时，客户在选择供应时也会从这几个方面进行考察。

客户价值主张是一种针对竞争对手的战略模式，既和竞争对手有相似点，又和竞争对手有差异，还有面向客户的个性化产品（服务）策略——共鸣点。

通常来说，供应商制定“价值主张”的方法有三种（见下表）：

制定“价值主张”的三种方法

方　法	说　　明
将全部优点罗列出来	当需要制定客户价值主张时，绝大多数领导者都会将自己认为产品可能给目标客户带来的各种好处全部罗列出来。使用这种方法，对客户和竞争对手的了解最少，因此工作量也最小。这种方法虽然相对简单，但依然存在一定的缺陷：企业声称自己的产品具有各种优点，其实它们对目标客户一点作用都没有

续 表

方　法	说　　明
对有利差进行宣传	这种类型的价值主张明确承认客户可以有其他选择，重点宣传对自己有利的差异点。供应商必须突出自己与竞争对手的不同之处，必须对次优替代品相当熟悉。可是，一种产品（服务）可能会存在很多差异点，如果对客户需求和偏好缺乏深入了解，供应商可能会将工作重点放在那些对目标客户价值较低的差异点上
突出共鸣点	想要提供这样的客户价值主张，必须抓住目标客户最看重的几个要素来展示产品优势，不仅要向客户证明这种卓越产品性能的价值，还要在沟通中表明自己十分了解客户的业务重点。这种价值主张有两大特点：第一，它不主张多多益善，只在客户最看重的因素上竞争；第二，这种价值主张中可能会包含一个相似点

2. 资源和生产过程

资源和生产过程，是指支持客户价值主张和赢利模式的具体经营模式。

在现代企业中，通过电子商务平台的运用，极大地提高了传统商务活动的效益和效率。这种企业经营模式与传统经营模式比较起来，有以下特点。

（1）扩展了市场范围

基于互联网的电子商务是24小时全球运作的，网上的业务可以开展到营销人员销售和广告促销所达不到的市场范围，因此选择做电子商务的管理者越来越多。

（2）降低了交易成本

首先，通过网络营销活动可以提高企业营销效率，降低促销费用；其次，可以降低采购成本，管理者借助互联网可以在全球市场寻求最优惠价格的供应商；最后，通过与供应商信息共享，还可以减少中间环节由于信息不准确带来的各种损失。

（3）降低了库存成本

为了应付变幻莫测的市场需求，管理者必须保持一定的库存；而且，如果管理者对原料市场把握不准，也要维持一定的原材料库存。其实，之所以会出现库存，根本原因就在于信息不畅。而以信息技术为基础的电子商务则可以有效改变企业决策中信息不确切和不及时的问题。

（4）降低了企业管理成本

不需要太多的书面资料和档案记录，不仅减少了办公用品费用的支出和人力成本，还降低了通信费用。

（5）与客户进行了良好的沟通

消费者可以与企业直接进行联系和交流，直接向企业咨询有关产品（服务）的问题；同时，企业可以使用文字、图片和图像等直接向顾客展示产品（服务）的内容，解释、答复顾客的咨询，使整个售前和售后服务清晰地展示出来。如此，就可以较低的成本，让消费者提出自己的要求，然后根据不同的要求提供有针对性的产品（服务）。

3. 赢利模式

赢利模式，即企业为股东实现经济价值的过程。

企业经营的核心首先是生存、发展，最终要实现赢利，利润是衡量一个企业是否优秀的标准。为了提高赢利能力，企业要关注以下几个方面的问题：

（1）企业的战略选择

为了避免低层次的重复建设，不让自己陷入被动的恶性竞争之中，企业要选择那些自己具有优势且有较好的市场空间的行业或项目。

（2）企业经营模式的调整与变革

采用什么样的企业经营模式，不是一个简单的形式，关系着企业经营的质量与经营能力的成长问题，一定要大胆调整和变革企业经营模式。

（3）企业组织架构的现代化

今天，传统的组织结构已经成为影响企业发展的一个重要因素，很可能会让企业坐失发展的良机，所以要实现组织构架的现代化。

（4）科技的发展与进步

企业的竞争，归根结底还是产品的竞争！没有科技的进步，企业的发展就会缺乏坚实的基础，因此要大力发展科技。

（5）人才的培养与使用

从根本上来说，企业的赢利能力还是人才的作用，即使你的赢利模式再好，没有好的执行人才，也只是一句空话。

占位——获取高利润模式的实施核心

市场经济中，处处是红海。企业和品牌只有在所在行业中占据数一数二的位置，拥有自己的一席之地，才能获得生存和发展。

从市场营销的角度来看，所谓的定位其实就是占位，就是占据消费者某类需求阶梯中的位置。要想获得成功，就要占据消费者某类需求阶梯中的第一位置；要想超越，就要创造消费者某类需求阶梯中的第一位置并占据它……占位，是获取高利润模式的实施核心！

进入市场之后，脑白金并不是以药品的身份出现的，而是将自己定位成保健食品中的“健康礼品”。

这样，就可以有效避免药品营销上的缺点：广告上受限制、销量上难以做大。脑白金将自己定位为礼品，迎合了中国的送礼文化——礼尚往来。由此，便有力地确保了产品销量。

如果说“送礼”是脑白金以定位法则取胜的法宝，那么脑白金礼品概念的占位策略，其实就是营销领域的一个成功典范。

脑白金“健康礼品”的定位策略，不仅为自己赢得了市场第一的位置，还开创了保健品的礼品市场。比如，脑白金的送礼占位，送给老人；康威的休闲运动占位，推出了休闲运动的新概念；康佳小画仙占位小屏幕电视市场，从市场缝隙中创出了新天地。

占位意味着找到了一个新的营销空间，从而取得营销上的成功。要想将自己的产品销售出去，首先就要让消费者记住。通常来说，消费者记住产品的时间只有 30 秒、15 秒甚至 5 秒的时间，要想占位就要努力营造一个记忆点。

红海营销时代，不是简单地给产品寻找一个位置就可以了，而是要抢占一个位置。如今，能够细分的无竞争或少竞争的空间已经达到了极限，占位也成了新营销时代的主导策略。那么，如何来实现成功占位呢？

1. 占概念

所谓占概念，就是使产品概念成为行业属性的代名词，设置一个对所有同类产品的区隔。

谷歌（Google）有着庞大的搜索量，搜索结果快速而精准，知名度极高，在众多搜索引擎中，Google 已经成为搜索引擎的代名词，成了企业网站推广的首选。可是，百度对中文搜索市场的把握、对用户的习惯和爱好的了解是 Google 远远比不上的。因此，从 2005 年开始，“百度一下”便迅速变成了中文搜索的代名词。

2. 占资源

社会热点事件是独一无二的资源，可以迅速造就企业明星。比如，蒙牛成为航天员牛奶，健力宝是运动员饮料……都是利用热点事件在消费者心中占据专有位置，从而占据专有市场的。

对于蒙牛来说，成为“中国航天员专用牛奶”，既是一项崇高的荣誉，也是一种期待和责任。在中国航天事业取得了一个又一个辉煌成就的同时，蒙牛人都在努力“强健中国人”。

2003年，当神舟五号拔地而起，实现了中国载人航天事业零的突破时，蒙牛也迅速成了中国液体奶市场的领跑者，并于2004年成为国家体育总局训练局运动员训练专用牛奶，为中国健儿扬威世界赛场奉献了自己的力量。

随后，蒙牛率先建起了中国规模最大的“澳亚国际牧场”，引进了机器人挤奶设施，种植了世界12个国家的优质牧草，进行了全球优质奶牛养殖，开启了中国乳业奶源的升级之路。

2005年，当神舟六号用完美的姿态围绕着美丽的星球一圈圈旋转的时候，蒙牛已经日销液体奶7000吨，超越众多百年历史的跨国乳业巨头，成为全球液体牛奶领域的领先者。

作为首位“中国航天事业合作伙伴”，蒙牛不仅将“为中国喝彩”，还用洁白的牛奶，为每一个航天员、每一个中国人的健康加油。

3. 占标准

一流公司卖标准，占据了品类标准制定者的位置，也就拥有了在整个行业的话语权，既可以在行业内一统江湖，也可以在消费者中以行业代言人的身份出现，赢得信赖。

今天，光线传媒就以其雄厚的实力成为中国娱乐传媒行业的标准，其节目领域涵盖娱乐、体育、时尚和电视剧，拥有12档节目，每日制作量达5.5小时；在全国近300家电视台600台次播放，覆盖中国内地的全部地区，收视观众多达10亿人。

光线传媒制作的节目成为行业样式之后，也成了明星接受采访的首选媒体和广告商投放娱乐性广告的首选媒体。

4. 占通路

对于企业的良性发展来说，创新终端或抢先垄断终端都起着非常重要的作用。

这天，李梅来商场购买洗发水。看到商场的电视里正在播放新舒蕾的广告，她便从货架上拿起一瓶新舒蕾走向收银台。可是，就在她走向收银台的过程中，发现了一款特价销售的夏士莲，这款夏士莲正摆放在更为明显的端架上。最后，李梅购买了一瓶夏士莲！

在市场渐趋成熟后，消费者对产品的印象越来越模糊，如果企业不及时构思新的占位，就会让自己陷入困境。那么，如何进行有效的占位呢？要有适当的推动者委婉地逐渐改变占位。在同一个位置，有人营销教育，有人推广投资，有人则会做娱乐的推广，关键在于“营销位置”要常变！

创新——商业模式占位的根本

商业模式创新是企业获取长期竞争优势的根本保证，企业的任何行为都必须是对自身商业模式的策略反映和优化。这也是企业进行商业模式创新的目标。

企业创新，就是要让企业在同行中有更大的竞争优势，让企业有更大的收益空间，通过模式创新纠正企业中不利于发展的因素，制定出正确的策略，可以使本企业取得一个较好的发展。商业模式创新对企业成功的重要作用是可想而知的，沃尔玛的成功有力地证明了这一点。

沃尔玛非常重视“天天平价”的价格策略，1992 年，萨姆·沃顿在《美国制造》提到了沃尔玛成功经营的一大戒律——“超越消费者的期望”。他认为，沃尔玛必须持续降价，为消费者提供有质量保证的更廉价的商品，超越消费者的期望，保证满意。

沃尔玛的目标消费者是中低收入者，这决定了沃尔玛必须提供质优价廉的商品（服务），因此沃尔玛必须采取一切措施降低成本，减少开支，为消费者提供完善的服务。

沃尔玛的核心竞争力是其为中低收入者提供有质量保证的更低价格的产品和完善服务的能力，也就是说，沃尔玛的核心竞争力表现为其先进的商业模式。

不可否认，沃尔玛的价格策略和商业模式是非常吻合的！其价格策略是对其商业模式的正确反映，有力地促进了商业模式竞争力的提高，即能起到优化自身商业模式的作用。

如果企业的核心竞争力是为中高收入者提供高档商品（服务），学习沃尔玛的低价策略可能并不会出现明显的效果，甚至可能弄巧成拙，赶走本企业的目标顾客。因为中高收入者看重的一般都是更加优质的产品（服务），而对价格是否低廉并不太关心。从这个意义上来说，沃尔玛的“天天平价”策略并不具有普遍模仿的意义，其高效的物流配送体系也只有在沃尔玛独有的商业模式下才最有意义。

对于企业来说，其对应的商业模式下最重要的是提供更好的产品（服务），并不是必须使用沃尔玛高效的物流配送体系。企业要找准自己的目标消费者，找到与之相适应的商业模式，这才是关键！

在商业模式这一价值体系中，为了激发商业模式的创新，企业可以通过改变价值主张、目标客户、分销渠道、顾客关系、关键活动、关键资源、伙伴承诺、收入流和成本结构等因素来进行。也就是说，企业经营中每一环节的创新都有可能成为一个成功的商业模式。

创新是商业模式占位的根本！那么，如何来实现商业模式的创新呢？

1. 战略定位创新

所谓战略定位创新，是指围绕企业的价值主张、目标客户和顾客关系等进行的创新。具体来说就是，企业选择什么样的顾客？为顾客提供什么样的产品（服务）？希望与顾客建立什么样的关系？其产品（服务）能向顾客提供什么样的价值等方面的创新？

在激烈的市场竞争中，没有哪种产品（服务）能够满足所有的消费者，战略定位创新却可以帮助我们发现有效的市场机会，提高企业的竞争力。

在战略定位创新中，首先，企业要明白自己的目标客户是谁；其次，企业提供的产品（服务）要在更大程度上满足目标客户的需求；最后，企业要对客户关系进行分析和选择。事实证明，合适的客户关系可以使企业的价值主张更好地满足目标客户。

王老吉创新性地将自己的产品定位于“饮料＋药饮”这一市场空隙，为广大顾客提供了可以“防上火”的饮料。正是这种不同于以往饮料行业只在产品口味上不断创新的竞争模式，最终使王老吉成为“中国饮料第一罐”。

2. 资源能力创新

资源能力创新，是指企业对其所拥有的资源进行整合和运用能力的创新，主要是围绕企业的关键活动，建立和运转商业模式所需要的关键资源的开发、配置、成本、收入源方面的创新。

关键活动，是指影响其核心竞争力的企业行为；关键资源，是指能够让企业创造并提供价值的资源，主要指那些其他企业不能够代替的物质资产、无形资产、人力资本等。在确定了企业的目标客户、价值主张和顾客关系之后，企业可以进一步进行资源能力的创新。

战略定位是企业进行资源能力创新的基础，资源能力创新的四个方面也是相互影响的。首先，企业要在价值链条上对自己拥有（希望拥有）的别人不能代替的关键能力进行分析，以此为依据进行资源的开发与配置；其次，如果企业拥有某项关键资源，也可以针对其关键资源制定相关的活动；最后，对关键能力和关键资源的创新必然会引起收入源和成本的变化。

3. 商业生态环境创新

商业生态环境创新，是指企业将其周围的环境看作一个整体，打造出一个可以持续发展的共赢的商业环境，主要是围绕企业的合作伙伴进行的创新，包括供应商、经销商和其他市场中介等，在必要的情况下，还包括竞争对手。

市场是千变万化的，顾客的需求每时每刻都在发生变化，只有通过合作，才能实现共赢。企业战略定位、内部资源能力是企业建立商业生态环境的基础，没有良好的战略定位和内部资源能力，就会失去挑选优秀外部合作者的机会，一个可以持续发展的共赢的商业环境也会为企业的未来发展和运营能力提供保证。

20 世纪 80 年代，美国最大的连锁零售企业沃尔玛和全球最大的日化用品制造商宝洁争执不断，相互抨击，各种口水战从未间断。长时间的争执给双方都带来了不小的损失，反思之后，最终他们建立了一种全新的供应商—零售商关系，把产销间的敌对关系转变成了双方都能获利的合作关系。

宝洁给沃尔玛安装了一套“持续补货系统”，有了这一系统，宝洁就可以对其产品在沃尔玛的销售和存货情况进行实时监控，然后协同沃尔玛完成相关销售预测、订单预测和持续补货的计划。

这种全新的协同商务模式为双方带来了丰厚的回报。调查显示，2004

年宝洁514亿美元的销售额中有8%来自沃尔玛，而沃尔玛2560亿美元的销售额中有3.5%归功于宝洁。

4. 混合商业模式创新

所谓混合商业模式创新，就是将战略定位创新、资源能力创新和商业生态环境创新结合起来。

其实，商业模式创新一般都是混合式的，因为商业模式的构成要素（战略定位、内部资源、外部资源环境）之间是相互依赖、相互作用的，每一部分的创新都会引起其他部分相应的变化。而且，这种两两相结合或三者同时进行的创新方式，都会大大改善企业的经营业绩。

苹果公司的巨大成功，不仅在于其独特的产品设计，还源于其精准的战略创新。他们看中了终端内容服务这一市场的巨大潜力，将其战略从纯粹的出售电子产品转变为以终端为基础的综合性内容服务提供商。从其“iPod + iTunes”到后来的“iPhone + App”都充分体现了这一战略创新。

模式为王，其实就是占位为王

胜者王侯败者贼，谁先占据了好的商业模式，也就获得了占位的成功，成了行业之“王”！

“玩具反斗城”是一家1978年就上市的世界著名跨国玩具连锁店，其总部设在美国新泽西韦恩镇。“玩具反斗城”一出世就凭借具有超强吸引力的价格和丰富的品类占据了世界玩具行业的半壁江山。可是，当一贯打低价牌的零售巨头沃尔玛进入玩具领域时，“玩具反斗城”感受到了巨大的压力，其销售业绩也一落千丈。

一个企业和品牌只有在所在行业中占据数一数二的位置，才能生存并获得持续发展。从市场营销的角度来看，就是占据消费者某类需求阶梯中的位置。

从商业零售市场的发展特色来看，并不是给某个品牌寻找一个位置，而是要去抢占一个位置，因为能够细分的无竞争的空间已经达到极限，只有“占位”才能占据这个空间的主导因素；要想解决企业的困惑，就必须采取适合自身的方式，真正过渡到“占位”。模式为王，其实也就是占位为王！

1. 建立一个商业共享模式

要想实现商业模式的占位，就要大胆拿起商业“利益共享、风险共担”这个有效的武器。商业共享模式是由很多制造商和经销商共同构筑起来的一个商务平台系统，不仅可以使上游制造商与下游渠道成员实现直接对接，还可以组成一条全新的价值链。

在这条价值链中，企业只要用心做好自己的产品就可以了，销售过程中的所有环节，如消费市场信息的搜集和分析、品牌的推广、物流管理的成本等，都是可以通过中间服务商和商务系统来解决的。如此，不仅可以有效降低成本，带来一定的价格优势，还能够迅速增加产品销量。

在利益共享、风险共担的条件下，行业要想赢得市场主动权，必须不断地优化与整合消费资源，通过详细分类，对消费者发展趋势进行横向和纵向研究，牢牢掌握培养、提升和淘汰的主动权。

2. 打通价格竞争环节

要想成功占有市场，就要打通价格竞争的环节。企业价格战略的制定要以企业总体战略和效益目标为依据，而价格战略的确定则是为了实现占领目标市场的目的。

价格是企业营销的一个重要问题，决定价格战略的因素既包括营销目标、成本结构、竞争、替代品，也包括消费者态度、企业（产品）形象、分销渠道、法律约束、经济环境等。因此，在制定价格战略时，企业既要了解消费者的消费心理，又要了解自己的竞争对手，从而制定出适合自己产品的价格，避免出现恶性价格竞争。

即使使用了促销的手段，也不能影响到终端价格的稳定，否则不仅会牺牲掉当前的市场利益，还会丧失掉零售商产品获得未来市场的能力。

3. 打通流程控制环节

流程控制是企业实现规范化管理的重要工具，也是企业执行力形成的基础。在销售产品的过程中，建立良好的流程控制体系，可以有效提高企业的工作效率。

在流程控制上，企业不仅可以设计流程绩效，还可以将其纳入考核体系中，落实流程实施的“责任机制”；如果在实操流程中，执行者不按照流程去执行，固守着以往的工作习惯，流程规则是难以真正得到贯彻实施的。

4. 打通经营销售环节

在外贸转内销的“突围战”中，抢占销售渠道、扩大市场份额已经成为众多企业必须跨越的最高门槛，“渠道为王”则显得尤为迫切。

今天，企业的销售渠道主要包括百货、超市、批发和网络等，为了避免出现单打独斗和质次量差的局面，必须综合评估选择和优势整合，通过建立合理的零售渠道，有效地帮助企业低成本拓展国内销售市场，快速建立品牌形象。

5. 打通物流配送环节

所谓物流配送，就是按照用户的订货要求，在物流据点进行分货、配货，并将配好的货送给收货人。它是流通、加工、整理、拣选、分类、配货、装配、运送等一系列活动的集合。通过物流配送，才能最终使物流活动得以实现。

可是，要想完成配送活动是需要付出一定的配送成本的。企业要改变以往的思维模式，以合理的价格为基础，亲自建立一套完善的销售渠道，控制好流程和物流的配送成本，在竞争中获得相应的利润。

常见的商业模式解析

商业模式，不仅是对组织如何行使其功能的描述，更是对其主要活动的提纲挈领的概括；不仅定义了公司的客户、产品（服务），还提供了有关公司组织、创收和赢利的信息。

商业模式与战略，不仅对公司的主要决策起着主导作用，还对公司的产品（服务）、客户市场和业务流程进行了描述。大多数的商业模式都要依赖于技术，利用技术企业可以以最小的代价，接触到更多的消费者。当消费者价值取向从一个工业转移到另一个工业的时候，公司必须不断地改变它们的商业模式。因为公司的成败与否最终取决于其商业设计是否符合消费者的优先需求。常见的商业模式有以下几种。

1. 店铺模式

通常来说，服务业的商业模式要比制造业和零售业的商业模式更复杂。最基本的商业模式就是店铺模式！所谓店铺模式，其实就是在具有潜在消费者群的地方开设一家店铺，将产品展示出来。

现在，应用比较多的店铺模式就是加盟连锁。加盟连锁的特点是可以用最小的投资实现资源的最大化，凭借厂家或者总代理的支持，迅速开展自己的销售，不需要太多的资金，自己只要出店面的房租等基础费用。

还有一种常见的店铺模式，即在商场等人流集散量较大的地方租一个位置，通过格子铺的形式来实现利润。你可以将自己的地方划分为价格区域，或者在这里做几个展柜，然后招募人们来租。采用这种模式，产品资源不需要自己考虑，租户会自己提供，你只需收取租金和服务费。

2. “饵与钩”模式

随着时代的进步，商业模式也变得越来越精巧。

“饵与钩”模式，也称为“剃刀与刀片”模式，或是“搭售”模式，出现在21世纪初。在这种模式里，基本产品的出售价格一般都是是非常低的，通常处于亏损状态；而与之相关的消耗品（服务）的价格则十分昂贵。

如剃须刀和刀片、手机和话费、打印机和墨盒、相机和照片等。这个模式还有一个非常有趣的变形：软件开发者将自己的文本阅读器免费发放给消费者，可是却给文本编辑器设定了一个较高的定价。

3. 其他模式

在20世纪50年代，新的商业模式是由麦当劳和丰田汽车创造的。

麦当劳是一家世界级的连锁企业，其主打产品是汉堡包，可是汉堡包的利润非常少，麦当劳是靠什么赚钱的？

一是小钱。可乐、薯条等小产品，让麦当劳赚得了小钱。一杯可乐可以卖到6.5元，其成本可能只有4.5元，中间的差价就是赢利。

二是中钱。麦当劳怎么赚取“中钱”呢？供应链！麦当劳可以做集中采购，当其集中为全球几万家门店所用的牛肉、面粉、土豆等采购时，利润自然也就有了。除此之外，麦当劳还积极改造了供应链，大幅增加了整体收益。

三是大钱。麦当劳靠什么赚大钱呢？房地产。麦当劳有着超强的选址能力，只要是它看中的地段，房价一般都会涨，因此麦当劳是靠房地产来赢利的。其实，麦当劳的独特之处还体现在卖汉堡包。经过不懈的努力，麦当劳建立起了独特的餐饮文化和商圈，吸引更多的人来到附近。这样，就无形中推动了房产价格的提高。

到了20世纪60年代，商业模式的创新代表是沃尔玛，这是一种将超市和仓储式销售合而为一的超级商场。

沃尔玛为何能够将传统的零售业做到全世界？秘诀就在于“便宜”，即“天天低价”。沃尔玛为什么能一直坚持“天天低价”呢？

首先，沃尔玛做事精打细算，努力降低经营成本。主要体现在这样几个方面：商场没有专门的办公室，办公室又被用作仓库，文件纸两面都要使用。

其次，与供应商建立战略联盟，在物流配送、库存控制和信息共享等多方面展开合作。由于共享电子信息，供应商既可以快速响应顾客的需求，又能在最短的时间里响应沃尔玛的订单需求。在全球，沃尔玛一共有20多个分销中心，由分销中心统一把商品送往3000个分店。从下订单，到货物上架，耗时不会超过48小时。

再次，培养了大量的忠诚客户。为了增加忠诚客户，沃尔玛主要做了两方面的工作：一方面根据客户信息与消费倾向变化，为客户提供低价产品和服务；另一方面，用“山姆会员店”成功吸纳会员。

最后，信息化建设能力。沃尔玛使用了全球卫星定位系统，整体销售成本要比同行业水平低。因此，同样的商品，在沃尔玛的售价就比其他地方便宜；因为便宜，消费者就愿意到沃尔玛购物；因为前来购买的人多，沃尔玛就可以大批量地采购，价格更便宜。

由此可见，沃尔玛的成功是系统的成功，是商业模式的成功！

20世纪70年代，新的商业模式出现在联邦快递和玩具反斗城商店的经营里。

联邦快递成立于1973年，是全球快递业巨头。它是如何获得成功的呢？

首先，业务组合。为了保持并发展业务，联邦快递一边同其他同业展开竞争，还积极地开展企业间的业务合作；同时，还通过并购扩大了市场占有率。

其次，资源配置。联邦快递重新整合业务流程，实现了资源的最优化配置。联邦有着覆盖全球的送递网络，可以胜任多个地点的货物运输。为了节省时间和成本，联邦缩减了送递流程，极大地提高了服务效率。

再次，竞争优势。一是速度优势，联邦的口号是“隔夜送达”，速度优势主要体现在这样几个方面：庞大的网络体系、巨额的科技投入和快捷的直航业务。二是服务优势，联邦快递拥有全球最庞大的货运机群和航班，能够以最快的货单处理方式将货物送到世界各地。

最后，协同优势。联邦整合了同类企业（横向整合），实现了协同优势。横向整合之后，大大提高了联邦的运营效率，实现了规模经济效益。

20世纪80年代，新的商业模式是由家得宝（Home Depot）、英特尔和戴尔创造的。

Home Depot的中文意思是“家居货栈”，业内人士将Home Depot的运作模式称为“第四代商业零售模式”，即“现代仓储式连锁超市”。我们所熟知的宜家家具采用的就是这种商业模式。

采购方面：在全球33个国家，宜家一共有40个贸易办事处，负责宜家的全球采购；同时，在55个国家，宜家一共有超过2000个供应商。宜家在全球进行大规模的采购，有效降低了成本。宜家在各国销售的产品质量和款式都统一。

促销方面：每年的9月是宜家新财年的开始，每到此时，商场都会进行不同幅度的降价。从1951年开始宜家正式发行目录册，不断增大的发行

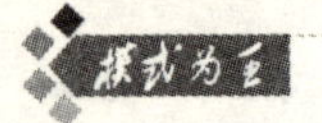

量表明，宜家目录册已经成为宜家家居一种强有力的市场推广手段。

管理方面：在宜家的163家商店中，有143家是全资店，分布在22个国家和地区；有20家是特许经营店，分布在13个国家和地区。

20世纪90年代，创新者是西南航空、易贝（eBay）、亚马孙和星巴克咖啡。

易贝（eBay）是全球最大的在线交易社区，其商业模式是网上竞卖。

在选择促销手段时，易贝通常都不会使用电台和印刷品，喜欢在其他网站上做广告。易贝公司真正的与众不同之处就在于，在发展会员时，几乎不会使用外在的营销手段。

为了保证安全，对一些利用易贝进行非法买卖的用户，会勒令他们退出易贝网站，停止销售其商品。此外，它要求易贝公司所有的新用户都必须使用信用卡。

事实证明，每次商业模式的革新都能在一定时间里给公司带来竞争优势。可是，随着时间的推移，公司必须不断地重新思考它的商业设计。

第三章

商业模式的发展方向定位

你需要专注，需要在最开始策划的时候就确定你的方向，当你确定了这个方向之后很难改变，而且必须得沿着这个方向走。其实每个企业都是这样，创造一定是根据现实的，绝不会说有一个很宏观的设想，刚开始就那么做，做不了。

——饭统网 CEO　臧力

发现和分析竞争对手的利润区

对于挑战者来说，最有效的挑战就是直接打击对手的利润区，可是，要想使用这种策略，必须找到对手的利润区在哪里。一旦找到了竞争对手的利润要害，就可以攻击并影响他们的行为。

所谓利润区，是指给企业带来最大利润的产品（服务）和区域组合。每个公司都拥有自己的利润要害，只不过有的多有的少而已。它们不仅为公司赢得了可观的利润，更重要的是，这些利润还支持着公司的其他业务。

其实，在竞争中，有很多方法都可以给竞争对手的利润要害施加压力，并给予打击。企业既可以选择某个产品（某个区域）与竞争对手展开价格白刃战；也可以以适当的价格提供一种特色、新颖的产品；还可以在不改变价格的情况下提供一点附加服务，虽然这种方法给企业带来的利润是非常少的，可是这些利润却是竞争对手的主要利润来源；同时，企业还可以通过技术创新，提供更新的技术、更完善的功能，然后以同样的价格出售，给对手制造麻烦。

如果对于你的企业来说，10～16 元的产品是竞争对手的主要利润来源，就要重点研究以下几个问题：为什么这一区位的产品是对手的利润区？如果你要攻击它，对手在第一时间会做出什么反应？然后，会做出什么调整和反击措施？那么，你要使用什么策略来攻击它？如果击不倒，怎么办？你有多少资源可以展开这样的正面攻击战？如果对手进行狠狠反击，你有多少力量可以与之抗衡？

价格战是降低竞争对手利润的最好办法，很多企业都会把竞争的焦点引向价格战。其实，很多时候，企业在做这些事情的时候，主要目的不是为了自己能够赢利，而是让竞争对手的赢利为零或者降低其赢利水平，因此在设计这种攻击战略时，企业必须保持清醒的头脑，充分考虑自己的处境和资源，不能凭一时之勇而擅自行动。

在奥克斯开始进入空调行业的时候，采取的就是价格战这一狠招，击中了所有空调企业的利润要害，而奥克斯也借此机会进入空调行业前三甲。

在确立了重要的竞争对手以后，要对每一个竞争对手做尽可能深入、详细的分析，不仅要揭示出每个竞争对手的长远目标、基本假设、现行战略和能力，还要对其行动的基本轮廓进行判断。要想发现和分析竞争对手的利润区，可以从以下几方面着手：

1. 了解竞争对手的长远目标

通过对竞争对手长远目标的分析，可以预测到竞争对手对目前的位置是否满意，继而对对手会如何改变战略、会对外部事件采取什么样的反应作出判断。

在20世纪70—80年代，日本摩托车企业的战略目标是全面占领世界上最大最好的市场——美国。为了绕过美国关税壁垒的限制，遇到关税壁垒时，本田公司就会采取到美国直接建厂的办法。

2. 知道竞争对手的战略途径与方法

战略途径与方法是具体的、多方面的，要从企业的各个方面去分析。从营销战略的角度来看，企业的营销战略途径与方法至少要包括以下内容：

（1）在产品策略上，以某一产品切入市场，提供尽可能多的产品类别，提高产品吸引力。

（2）在某一产品市场站稳脚跟后，向另一大型市场慢慢渗透；确定价格的时候，要通过规模优势和管理改进降低产品成本，低价销售。

（3）促销的时候，要建立产品新形象，使其与其他同类产品的风格相区别。

3. 判断竞争对手的战略能力

不管是企业制定目标，还是实现目标的途径，都是要以企业自身的能力为基础的。在对竞争对手的目标与途径进行了分析研究之后，还要看看竞争对手是否有能力采用其他方法来实现自己的目标。

为了应对竞争，企业要规划好自己的战略。和竞争对手比起来，如果企业具有全面的竞争优势，就不用担心在何时何地发生冲突；如果竞争对手具有全面的竞争优势，就要采取两种办法：

（1）不要触怒竞争对手，要默默地做一个跟随者。

（2）要避而远之。如果仅仅在某些方面、某些领域具有差别优势，可以在具有差别优势的方面多花费一些力气。

4. 了解竞争对手对竞争的反应

战略管理是一个“博弈”的过程。概括起来，竞争对手对竞争的反应有三种：不采取反击行动、防御性反击和进攻性反击。具体要采取哪种反应，主要取决于竞争对手对目前位置是否满意、它是否处在战略转变之中，以及竞争对手对它的刺激程度。

具体说来，企业面对竞争的反应可以分为六种反击模式，如下表所示：

企业面对竞争的六种反击模式

反击模式	说　明
坐观事变	不立即采取反击行动。这样的企业可能是深信顾客的忠诚度，也可能是不具备反击所必需的资源，还可能是竞争没有达到应予反击的程度。因此，对于这类竞争对手就要小心慎重
全面防御	为了确保其地位不被侵犯，他们会对外在的威胁和挑战做出全面反应。可是全面防御也会把战线拉长，对付一个竞争者还可以，如果同时要对付几个竞争者，会显得力不从心

续 表

反击模式	说 明
死守阵地型反击	因为其反击范围集中，而且又有背水一战、拼死一搏的信念，因此反应强度相当高，反击行动一般都比较有效。又因为是集中在较小范围内的反击，因此其持久力也比较强
凶暴型反击	这样的企业对其所在领域发动的进攻都会做出迅速而强烈的反击。例如，宝洁公司绝不会听任竞争者的一种洗涤剂轻易投放市场。凶暴型反击者会向竞争对手表明，最好不要碰我
选择型反击	可能只对某些类型的攻击做出反应，而对其他类型的攻击则不然。因此，必须了解这种企业的敏感部位，避免不必要的冲突
随机型反击	这种类型的反击是最不确定的，或者根本无法预测，可能会采取任何一种可能的反击方式

要想找到自己的发展方向，就要在企业、竞争对手和社会三维的坐标中寻找利润点。

1. 在企业中寻找利润点

做其他企业的跟随者，虽然可以节省成长开支，但也是活在别人的生命周期里，在新陈代谢方面总会比别人慢半拍。如果想成为领先者，就要对产品属性进行重构，超越生命周期的限制。如果想实现这一点，就要在企业中寻找新的利润点。

在2000年之前，饮用水领域是由纯净水主导的，乐百氏、娃哈哈是两大领先品牌，虽然后来也跟进了很多品牌，但都没有大的作为。

经过细密的筹划，在2000年4月24日，农夫山泉宣布停产纯净水，开始致力于打造“天然水”定位品牌。天然水含有多种人体必需的微量元素，是针对纯净水品牌争夺顾客而实施的一项战略，这样农夫山泉就站在了娃哈哈、乐百氏的对立面。

首先，农夫山泉在水源获取上下了很大功夫，分别掌控了千岛湖、长白山、丹江口、万绿湖四大优质水源地，确保了自己在天然水经营上的战略优势。

其次，农夫山泉在营销上也实行了环环相扣的整合：从学生群体切入，因为家长们一般都担心纯净水缺乏微量元素会影响孩子的生长与发育；产品价格明显高出纯净水，凸显出天然水更适合人体需要；推广的时候，加强了天然水与纯净水的比较，增进了大众对饮用水成分的关注。

当竞争对手也跟进时，农夫山泉立刻拉低了价格，迅速坐稳了饮用水第一品牌的交椅。

由跟随者一跃成为领先者，农夫山泉的发展历程对几乎所有的中国品牌都有着重要的启示意义：除去一些被同行视若珍宝的产品属性，把只有增强型产品才能拥有的属性融入其中，让产品在同行业中树立一种“不同寻常”的消费体验。这种凸显自己独创属性的产品改造方法，定然会为企业开拓出一种新的利润渠道。

2. 在竞争对手中寻找利润点

农夫果园之所以能够在百花齐放的饮料市场中走出一番天地，就在于它坚持对产品属性的特异追求，在竞争对手中找到了新的利润点。

当众多果汁为了标榜“一种水果一种营养、一种营养全面吸收”而接连不断地推出橙汁、荔汁、椰奶等新产品时，农夫果园却推出了一种三种果蔬合而为一的果汁。

农夫果园的这种追求完全是开放式的，在某种程度上它不是在创造个性，而是在去除一些被同行视若珍宝的产品属性。这种打破常规的属性组合，使得农夫果园在进入市场之后很快就确立了自己的势力范围。

有一个真实的故事，女主角在她的博客里写道：握着他在烈日里递给我的这瓶果汁，让我想起了两年前我们邂逅时的那一幕，当时他也是递给我一瓶农夫果园……

因为一瓶果汁，促成了一段恋情的死灰复燃，有点像一个广告片段，但不可否认的是，农夫果园的电视广告确实高明许多，简直就是深入人心。这种号召力完全可以归结为一句话：农夫果园，喝前摇一摇！

2003年，农夫果园一进入市场，就引起市场轰动。作为竞争激烈的饮料市场中的新生力量，这样的成绩是相当成功的。

当百事与可口可乐、碳酸饮料与茶饮料、茶饮料与矿泉水在各个区间市场打得你死我活的时候，农夫果园悄无声息地在中国饮料市场上确立了自己的位置。

有人说，这种成绩应该归功于产品广告的策划宣传，给一种新饮料投入近1亿元的广告费在国内实属罕见；也有人说，这要得益于农夫山泉，如果没有“农夫”系列的前期造势，就不会有今天的农夫果园。

其实，无论是对策划营销的大力栽培，还是对品牌链条的充分利用，农夫果园的成功肯定是有迹可循的，但真正能够让它落地生根的理由，离不开对利润点的追寻。

3. 在社会中寻找利润点

有些产品虽然让人不识庐山真面目，但它们却取得了成功，主要秘诀就在于,他们在社会中找到了新的利润点。亨氏公司就是典型的例子。

传统教育方式中，父母都会告诫孩子，不要把食物当作玩耍的对象。可是，亨氏公司却在2000年专门推出了一种供孩子玩耍的番茄酱。这种番茄酱有绿色、紫色、橘黄色、粉红色和深青色等多种颜色，装在一个艳丽的、可以挤压的塑料瓶中，而且瓶嘴的设计也很适合孩子使用。

在广告中，亨氏强调了这种产品的创造性用途：鼓励孩子用它在面包上写自己的名字，或者画画。如此，番茄酱不仅是一种食品，还是一种可以食用的玩具。于是，这种番茄酱就成了亨氏公司有史以来最成功的产品之一。

现在看来，对于手中的产品来说，不是缺少利润机会，而是缺少发现。大胆地在社会中寻找目标，就会带来源源不断的产品利润。

尚未被满足的消费需求就是最好的切入点

与其冥思苦想去寻找、挖掘新的商机，不如去思考和反省那些还没有得到满足的消费需求。事实证明，在新时代的背景下，发现消费者尚未被满足的消费需求，要比寻觅一个新的市场机会简单得多，效果也好得多！

一次，美国举行了世界博览会，组委会允许商贩在会场外摆摊设点。洁明哈姆威是美国的一个糕点小贩，于是就来到会场外出售他的甜脆薄饼。他的摊位旁边，是一位卖冰激凌的小贩。

当时正值盛夏，卖冰激凌小贩的生意非常好。可是，由于吃冰激凌的人太多，盛装冰激凌的小碟子不够使用，很多顾客要等别人吃完退了碟子之后才能一享口福。

哈姆威看到这种情况，灵机一动，便把自己的薄饼卷起来，成为一个圆锥形；然后他将“锥子”倒过来，买来一份冰激凌放在了里面，就吃了起来。顾客看到这一情景，都学着他的样子用薄饼卷成的小筒子装冰激凌，并觉得这样吃起来更具有一番风味。

就这样，薄饼装冰激凌受到了出人意料的欢迎，这也就是现在大家喜欢吃的蛋筒冰激凌的雏形，哈姆威也因此发了一笔横财。

这则小故事就出现在我们的生活中，而且离得那么近。它告诉我们，时机是一种机遇，一种成功的机会。今天，很多企业家之所以能够赚得大钱，并不在于他们掌握了多少经济理论，也不在于他们有多大的胆识，最重要的是他们善于抓住机遇。

事实证明，成功的企业家都是善于抓住机遇的人，虽然他们有时也会犯错误，可是比起那些做事犹豫的人要强得多，他们取得成功的概率也大得多。

机会不分彼此，不分大小，对每个人都是公平的，只要你能善于把握和利用，无论你是商界大款，还是平民百姓，都可以走出一条赢利之路。因此，一旦碰到机遇，就要把握住它。如果在机遇面前优柔寡断、犹豫不决，就会失去机遇。

市场营销学告诉我们，市场机会就是存在于市场中的尚未得到满足的消费者需求。市场是一个不断变化着的“万花筒”，市场环境、条件的变化，常常会带来消费者某些新需求的出现，因此，聪明的人都能从市场中发现那些尚未得到满足的需求。

市场机会潜藏在变化万千的市场环境中，发现市场机会并不是一件容易的事情，不仅要有敏锐的市场眼光，还要善于对复杂的市场环境进行分析，并进行恰当的市场细分，进而在细分市场中寻找和发现未得到满足的需求点。

从产业链薄弱环节入手

1995 年，《经济学家》等国外媒体预测，到 2000 年国外品牌的电脑将占据中国 80% 以上的市场份额，结果国外品牌电脑现在只占据了 20% 左右。可是，在同一个经济环境下，为什么中国汽车市场国外品牌占据了 80%，而本土品牌只有 20%？主要原因就在于，联想等国内电脑品牌准确地切入并弥补了中国电脑市场产业链的缺陷。

电脑的产业链是由七个环节组成的：核心零部件、电脑设计、组装、操作系统、应用软件、分销与销售、现场服务。在当时的中国电脑市场，最薄弱的环节就是分销与服务，联想率先准确地切入并弥补了产业链的缺陷；接着，当高效的分销零售系统让兼容机发展到泛滥的地步时，联想适时地设计和组装了自己品牌的电脑，使客户享受到了兼容机的价格和品牌电脑的性能。由于先后改善了分销与服务、设计与组装等环节，联想获得了可观的利润。

利润的第一条定律是，利润隐藏在产业链最薄弱的环节中，这些环节就是利润池。其实，利润就是客户给予那些修补产业链薄弱环节的勇士的奖励。为了发现利润池，企业就要发现产业链的薄弱环节。如何做到这一点呢？有以下几种方法。

1. 方法一：客户价值

衡量产业链强弱的标准只有一个，那就是客户价值。

2. 方法二：市场分析报告

企业可以购买市场分析报告，也可以深入市场第一线去体会和挖掘。

3. 方法三："价值雷达"法

"价值雷达"法是一种介于市场分析和现场体验之间的第三种方法。首先，通过内部讨论确定几项可能的客户需求内容；其次，针对其中的每一个需求项，设计一种失效情景；最后，将上述几种失效情景进行两两组合，形成对照情景，供客户选择。当然，在准备对照情景后，企业还应该准备一些需要访谈的客户。

使用这种方法，通过简单的对照情景，可以判断出客户各项需求内容之间的相对重要性和倾向性。

有一家家电企业有这样的规定：市场和销售部门的业务经理一年之内必须完成××次对照问题分析，然后把这些资料录入数据库，进行归纳和提炼。

每一次竞标成功或者失败之后，经理们都会将自己和对手的情景进行简化，形成可以对照的问题，随时关注市场上出现的新的需求动向。

基于对照问题分析，企业便得到了各个客户需求项目的量化分值。然后，在“雷达图”上将客户的需求用红线勾勒出来，将企业自身满足需求的能力用蓝线勾勒出来，两两对照之后，就可以发现“价值过剩”和“价值缺失”，发现客户隐藏在价值图背后的秘密。

客户掌管着企业的利润！如果发现了行业中的瓶颈问题，也就等于发现了未来获取利润的机会。机会就像一把双刃剑，首先会用它的寒光吓退多数的弱者，然后再用它的利刃帮助勇者披荆斩棘。优秀企业家与普通人的差别就在于，他们敢于面对困难，正视现实，然后从中发现可以突破的机会。

给予客户更多的满足

世界营销学之父菲利普·科特勒大师曾经说过，“企业营销大厦”的核心是“客户满意”。每个企业的开始都是因为客户，是客户让企业开始成功的，因此永远不要忘记客户；每天都要提醒自己，记住客户并保护好客户，否则企业就会面临失败。

2007 年，一个新兴冰箱品牌引起了业内人士的关注，众多经销商纷纷舍弃传统冰箱强势品牌，转向经销奥马（HOMA）冰箱，生产奥马冰箱的中山奥马电器是怎样的一个企业？

2002 年，在柯林格尔入主科龙之后，原科龙集团副总裁、容声冰箱公司总经理蔡拾贰，带领原科龙冰箱的几位副总经理、十几位部长和车间的负责人离开了科龙，在距离科龙十几公里外的中山市南头镇，建立了中山奥马电器有限公司。

董事长蔡拾贰秉承这样的理念：先做好产品，再做好市场的设想。2006年，奥马开始建立自己强大的国内营销队伍。年底，奥马冰箱第二个工厂投产，生产能力一下子提升到300万台。这就是说，奥马产能已经成为中国冰箱制造商的三强之一。可是，时间刚刚过去不到一年，奥马就发现，300万台产能根本无法满足订单快速增长的需求，已经流失了很多订单。于是，2007年年初，再次上马第三个冰箱厂。2007年，奥马冰箱的产品出口世界120多个国家，成为市场占有率第一的产品。

当大多数冰箱企业订单吃不饱的时候，奥马订单却吃不完。奥马冰箱三厂在2008年春节前投产，年设计产能为200万台，产品主要供应美国、欧盟等发达国家市场。这意味着，奥马三大冰箱工厂总产能将达到500万台，成为国内三大冰箱生产厂之一。

奥马是代工起步的。在市场研究者看来，代工企业的最大问题就是很难控制产品质量和订单不稳。可是奥马的烦恼恰巧相反，因为不能全额满足客户需求，奥马不得不一遍又一遍地向客户道歉。

在奥马，“客户第一”的宗旨体现得相当充分，他们认为“不能满足客户需求，只能失去客户”。在奥马OEM/ODM的客户名单里，很多企业本身都有自己的冰箱制造厂，可是他们依然把不少订单交给了奥马，主要原因就在于，规模生产能力让奥马冰箱具备质量与价格双重优势。巨大的OEM/ODM产能和严格的质量管理体系，为奥马赢得了中国冰箱界“富士康”的称誉。

2008年2月，以著名影星蒋雯丽为代言人的奥马广告，在中央电视台和一些媒体播出和刊出。奥马的品牌战略正式拉开战幕。

在现代市场经济条件下，客户和其需要是企业建立和发展的基础。如何更好地满足客户的需求，是企业成功的关键。今天，“使顾客满意”已经成为现代企业的经营哲学，以客户为中心的新的经营方式正在得到广泛的认同。

企业与客户合作的过程经常会发生很多短期行为，企业要对客户灌输长期合作的好处，对其短期行为进行成本分析，指出其短期行为不仅给企业带来很多的不利，还会给客户带来了资源和成本的浪费。

企业应该向老客户充分阐述自己企业的美好远景，使老客户认识到自己只有跟随企业才能够获得长期的利益，这样才能使客户与企业同甘苦、共患难，不会被短期的高额利润所迷惑，而投奔竞争对手。

1. 将厂家的信息及时反映给客户

企业应及时将企业经营战略与策略的变化信息传递给客户，便于客户工作的顺利开展，不仅要对企业员工进行企业管理培训，还要把客户对企业产品（服务）和其他方面的意见、建议收集上来，将其融入企业各项工作的改进之中。这样，一方面可以使老客户了解企业的经营意图，另一方面可以有效调整企业的营销策略以适应顾客需求的变化。

当然，这里的信息不仅要包括企业的一些政策，如新制定的对客户的奖励政策、返利的变化、营销活动的开展、广告的发放等；还要包括产品的相关信息，如新产品的开发、产品价格的变动信息等。

2. 加强对客户的了解

很多营销员跳槽的时候之所以能够带走客户，主要原因就是企业不了解客户情况，缺乏与客户的沟通和联系。只有详细地搜集客户资料，建立客户档案，进行归类管理，并适时地把握客户需求，才能真正实现“控制”客户的目的；还要确保客户的订货能正确及时地得到配送；同时搜集客户有关改进产品（服务）方面的意见，并将其反馈到企业的各个部门。

目前，市场上流行的 CRM 就给企业提供了一个了解客户和掌握客户资料的条件。要想留住客户，就要通过 IT 和互联网技巧实现对客户的统一管理，建立客户档案，注明其名称、公司地址、资金实力、经营范围、信用情况、营销记录、库存情况等；不仅要对客户的情况了然于心，还要为其提供完善的服务。

3. 经常进行客户满意度的调查

研究表明，客户每四次购买中会有一次不满意，而只有 5% 的不满意客户会抱怨，大多数客户会选择少买或转向其他企业。因此，不能用抱怨水平来衡量客户的满意度，而要通过定期调查，直接对客户的满意状况进行测定。

为了了解客户对公司业绩各方面的印象，可以在现有的客户中随机抽取样本，向其发送问卷或打电话咨询；也可以通过电话向最近的买主询问他们的满意度如何，测试结果可以分为高度满意、一般满意、无意见、有些不满意、极不满意。

- 在搜集有关客户满意度的信息时，为了了解客户再购买的意图，询问一些其他问题是十分有必要的。一般来说，客户越是满意，再购买的可能性就越高。
- 衡量客户是否愿意向其他人推荐本公司和其产品也是很有用的，好的口碑意味着企业创造了高的客户满意度；了解了客户的不满意所在才能更好地改进公司的产品（服务），赢得客户满意，防止老客户的流失。
- 感情是维系客户关系的重要方式，日常的拜访、节日的真诚问候、婚庆喜事、过生日时的一句真诚祝福或一束鲜花，都会使客户深为感动。
- 交易的结束并不意味着客户关系的结束，在售后须与客户保持联系，以确保他们的满意持续下去。
- 对于那些以势相要挟的客户，企业一定要严肃对待，“杀一儆百”乃为上策。

防范客户流失工作是一门艺术，企业不断地去创造、传递和沟通优质的客户价值，才能最终获得、保持和增加客户，锻造企业的核心竞争力，使企业拥有立足市场的资本。

差异化，就是竞争力

差异化战略是增强企业竞争优势的有效手段！

海底捞在继承川、渝餐饮文化特色的基础上，不断创新，以独特、纯正、鲜美的口味和营养健康的菜品，赢得了顾客的一致推崇，在消费者心中留下了“好火锅自己会说话”的良好口碑。其实，它的成功，主要就在于差异化战略的实施。

海底捞始终坚持“绿色、无公害、一次性”的选料和底料原则，严把原料关、配料关，十几年来历经市场和顾客的检验，成功地打造出了信誉度高、颇具四川火锅特色、融汇巴蜀餐饮文化的优质火锅品牌。

海底捞的火锅有10多种锅底，口味选择丰富。它的调料，除了一般的麻酱和油碟外，还有海底捞自制的特色调料，20多种原材料任由搭配。

海底捞在保证产品安全卫生的同时，将后堂操作透明化，使顾客产生了信赖感，产品形成了品牌效应，达到了更好的差异化效果。

海底捞火锅“西式化”“时尚化”的环境成了赖以制胜的关键。海底捞通过对环境属性的加强，更加吸引了消费者。

差异化战略，又叫作别具一格战略，为了使企业的产品、服务、形象等与竞争对手有明显的区别，获得竞争优势，可以采取这种战略。这种战略的重点是创造一种独特的产品（服务）。差异化战略的方法多种多样，有产品差异化战略、服务差异化战略和形象差异化战略等。

实现差异化战略，可以培养用户对品牌的忠诚度，从这个意义上来说，差异化战略是使企业获得高于同行业平均水平利润的一种有效的竞争战略。差异化，就是竞争力！

产品差异化对市场价格、市场竞争、市场集中度、市场进入壁垒、市场绩效都会产生不同程度的影响，不仅能够满足某些消费群体的特殊需要，还可以与竞争对手相抗衡，更能够降低顾客对价格的敏感度。如何来实施差异化战略呢？

1. 产品差异化战略

所谓产品差异化战略，是从产品质量、款式等方面产生差别，寻求产品与众不同的特征。对同一行业的竞争对手来说，产品的核心价值是基本相同的，不同的是性能和质量。

例如，在众多的鞋企品牌当中，提起篮球鞋人们就会想到耐克，提起足球鞋人们就会想到阿迪达斯，提起帆布鞋人们就会想到匡威……这就是产品差异化反应。企业应该在满足顾客基本需要的前提下，率先推出具有较高价值和创新特征的产品，以独特的个性争取到有利的竞争优势地位。

2. 服务差异化战略

所谓服务差异化，是指面对较强的竞争对手企业在服务内容、服务渠道（服务）形象等方面采取有别于竞争对手的方法，战胜竞争对手，在服务市场立住脚跟的一种做法。其目的是通过服务差异化突出自己的优势，与竞争对手相区别。

（1）无形产品有形化

比如，给顾客赠送附有酒店广告的卫浴用品。

（2）将标准产品进行顾客化定制

比如，为了区别于其他的理发店，美容院提供个人设计师、果汁吧和令人放松的环境。

（3）减少视觉风险

比如，顾客一般都缺少汽车修理的知识，服务提供者如果专门安排时间来给顾客解释问题，就会建立一种与顾客之间的信赖关系，并让顾客愿意额外付出。

（4）训练服务员工

服务通常都是由服务人员来提供的，实施高质量的员工训练计划，可以有效促进服务质量的提高，建立起他人难以模仿的竞争优势。

（5）提高质量管理水准

服务产品是比较容易模仿和复制的，相比之下，高水准的质量管理能力不容易复制，因为高水准的质量管理包括员工训练、程序管理、技术开发等众多内容，不容易复制。

3. 人事差异化战略

人事差异化战略是差异化战略的一种形式，是指通过聘用和培训比竞争者更为优秀的人员来获取差别优势。训练有素的员工一般都具有这样六个特征：胜任、礼貌、可信、可靠、反应敏捷、善于交流。

市场竞争归根结底是人才的竞争，为了增强企业整体的软实力，企业要培养专业的技术人员、管理人员和销售人员。从产品的设计与研发到营销策略的制定，再到将产品交到顾客手中……整个流程要规范化。人员差异化战略也是企业重磅出击的一件利器。

4. 形象差异化战略

为了获得差别，有时可以在产品的核心部分与竞争者类同的情况下塑造不同的产品形象，这就是形象差异化战略。形象是公众对产品和企业的看法和感受，塑造形象的工具有名称、颜色、标识、标语、环境、活动等。

在实施形象差异化战略时，企业要有创造性的思维，要持续不断地利用企业所有的传播工具对竞争对手的形象策略、消费者的心智采取不同的策略。

比如，特步公司的“X”标志独具一格，与耐克的“√”形成了鲜明对比，传达出一种“坚持在否定中超越自我、超越对手”的开拓精神。

第四章

商业模式的客户与市场定位

互联网上从来都没有速胜论，My Space 中国眼下最着急的事情就是建立文化氛围，聚集一批核心用户。

——My Space 中国 CEO　罗川

找到真正需要你的产品（服务）的人

成功销售的能力，与客户质量有着密切的关系。因此，销售中最关键的一步就是准确找到需要你的产品（服务）的人。可是，并不是每个企业都能清楚地告诉它的销售人员，如何开发客户，如何找到需要自己产品（服务）的人。

如何才能找到真正需要你的产品（服务）的人呢？这里有七条销售和开发客户的法则。实践证明，它们是行之有效的。

1. 每天安排一小时

和其他事情一样，销售也是需要纪律约束的。销售总是可以被推迟的，有些人希望等到一个对自己更有利的日子。其实，销售的时机永远都不会出现最合适的时候。

2. 尽可能多地沟通

在寻找客户之前，一定要花费一定的时间来准确地定义你的目标市场。这样，和你交流的，就会是市场中最有可能成为你客户的人。

如果你仅和最有可能成为客户的人沟通，找到的自然就是最有可能大量购买你产品（服务）的准客户。在这一小时中，要尽可能多和对方沟通。每句话都是高质量的，多说总比少说好。

3. 沟通要简短

和客户沟通做销售拜访的目的只有一个——获得一次约会的机会。你不可能在沟通中销售一种复杂的产品（服务），你更不希望在沟通中和对方讨价还价。

做销售的时候，要控制好自己的时间；要专注于介绍你自己、你的产品；同时，还要大概了解一下对方的需求，让对方愿意花费宝贵的时间和你交谈。

4. 在沟通前准备一个名单

如果不提前准备好名单，你的大部分销售时间将不得不用来寻找所需要的名字。你会一直忙个不停，感觉工作很努力，却没有沟通好。因此，在手头上要随时准备一个可以供一个月使用的人员名单。

5. 专注工作

在销售时间里不要接电话或者接待别的客户，要充分利用营销的经验曲线。在相邻的时间片段里重复该项工作的次数越多，就会变得越优秀，销售也不例外！你和客户的第二次沟通会比第一次好，第三次会比第二次好……依次类推。

6. 使用电脑化系统

客户的资料必须井井有条，要选择一套客户管理系统，很好地记录企业所需要跟进的客户，不管是三年之后才跟进，还是明天就要跟进。不管是何时何地，只要在电脑系统里输入就能立刻找到客户资料，绝不流失一个客户。

7. 不要停歇

毅力是销售成功的一个重要因素！大多数的销售都是在第五次谈话之后才进行成交的。可是，大多数销售人员在第一次谈话后就停下来了。

给予客户比竞争对手更多的满足

美国著名的儿童玩具品牌“美国女孩”在推出新产品时，进行了大量的市场调研，询问孩子想要什么样的娃娃。孩子们的答案千奇百怪，有的想要好伙伴，有的想要漂亮的，有的想要滑稽的，有的想要强壮的、能代替爸爸妈妈保护自己的……

之后，他们又询问了孩子的父母，得到的答案也很多，有的希望娃娃要安全一些，不会碰伤孩子或掉落零件被孩子误食；有的希望娃娃价格不要太贵，免得购买不起……

开发团队一时无法确定研发的方向。最后，研究团队加入了几位新研发人员，请了几位目标顾客参与开发，终于发现了父母对玩具娃娃的真正需求——希望玩具娃娃不要给孩子带来负面的影响，能够帮助孩子成长才是他们最希望产品能够拥有的功能。

于是，“美国女孩”系列洋娃娃出现了。不同的娃娃有不同的形象与衣着，她们也都有不同的身世，有关她们身世与成长的故事都在娃娃附带的图书里，每个娃娃都有一段积极向上的成长经历。

孩子不仅可以获得一个玩具，还可以多出一个学习和模仿的榜样，这样的产品怎么可能不受欢迎呢？结果，虽然一套“美国女孩”洋娃娃的价格超过了1000美元，但其销售依然异常火爆。

销售的过程就是满足客户需求的过程，那么，销售人员该如何更好地满足客户需求呢？以下为销售人员满足客户需求的五大原则：

1. 全面性原则

对于已被列入客户范畴的消费者，要对其几乎所有的需求全面定义，全面掌握客户在生活中对于各种产品的需求强度和满足状况。

要全面了解客户，让客户在生活中的需求完整地体现在你的面前；同时，要根据客户的全面需求对其生活习惯、消费偏好、购买能力等相关因素进行分析。

2. 突出性原则

销售者的第一要务是为公司销售产品，帮助客户满足需求，这一点一定不要忘记！

要突出产品和客户需求的结合点，清晰地定义出客户的需求，必要的时候要给客户对本产品的需求形成一个“独特的名称”。如果你是一个席梦思床垫的销售人员，就要尽可能地让消费者形成对床垫的独特认识，为它定义出一个别人都没有意识到的“提高生活舒适度需求”。

3. 深入性原则

和客户沟通的时候不能肤浅，否则只能是空谈。对客户需求的定义同样也是如此！

认为客户的需求是简单的购买欲望，或者是单纯的购买过程，是有一定的局限性的。只有深入地了解客户的生活、工作、交往的各个环节，才会发现客户对同一种产品持有的真正需求。也就是说，要对客户的需求作出清晰的定义，事前工作的深入性必不可少。

4. 广泛性原则

在和客户沟通的时候，要了解所有接触客户的需求状况，学会做对比分析，差异化地准备自己的相关工具和说服方法。

5. 建议性原则

客户不是我们的下属，命令他们是不会接受的。在客户需求的定义过程中同样如此！客户所认同的观念跟企业或多或少存在一些差异，对客户的需求要进行定义只能是“我们认为您的需求是……您认同吗”。

确立自我的客户价值主张

价值主张是公司通过其产品（服务）向消费者提供的价值，确定了公司对消费者的实用意义，不仅描述了企业与客户进行价值交换时所选择的交换内容，还描述了企业将向客户提供什么样的价值。在做市场定位的时候，一定要确立自我的客户价值主张。

雅芳的客户价值主张是“女性的知己”！雅芳相信，女性的进步和成功就是雅芳的进步和成功。雅芳的目标是“成为一家最了解女性需要、为全球女性提供一流的产品和服务，并满足她们自我成就感的公司”。简而言之，就是成为一家比女人更了解女人的公司。

品牌的客户价值主张，不仅包括提供给消费者的利益，还包括品牌对社会、对人的态度和观点。消费者的利益可以通过调查得到，品牌对社会的态度和观点主要来自对社会行业潮流的把握。要想将自己的核心价值观有效地传达给消费者，就要确立一个客户价值主张，之后所有的传播和营销活动都要围绕这一价值主张来进行。

1. 什么是客户价值主张

客户价值主张可以由以下三个简单的问题来回答：

- 客户会用产品来解决什么样的问题？
- 这些问题会对客户造成多大的影响？
- 这些影响与公司为客户创造的价值有多大关系？

企业的客户价值主张是一个企业存在的意义，也是一个企业满足客户偏好的具体表达。找到重要的客户和他们的价值需求，也就找到了企业的客户价值主张。企业的客户价值主张不仅要满足客户的表面偏好，更要满足客户的内心偏好，甚至超越客户的价值需求。

瑞士的SWATCH手表跨越产品的功能和情感价值需求，把手表从一个计时的机器变成一个时尚的配件，这就是SWATCH手表在价值主张上的创新。

2. 如何确立客户价值主张

客户价值主张需要达到以下三点要求：

- 所提出的主张必须是真实的、可信的。
- 所提出的主张必须是其他产品所没有的。
- 所提出的主张必须是具有销售力的。

简单地说，就是客户价值主张必须是专一的、唯一的、第一的。

加强客户价值的说服力

如何才能加强客户价值的说服力呢？可以从以下几种方法入手：

1. 提高回报率

顾客真正重视的是如何改善他们的生活质量、增加财富、保持健康和拥有快乐，企业要给他们提供一定的技术和经验，而不仅仅是提供顾客已有的物质产品。比如，按摩的出现就带来了比“泡泡浴”更多的乐趣。企业要明确目标，并帮助顾客实现这些目标。

2. 对非核心价值业务进行外包

顾客都想寻求更多的支持（服务），可是他们没有足够的时间、知识、精力和空间，如果看到企业浪费了这些资源，他们就会心存憎恨。他们需要的是问题的解决方法而不是产品，企业就要找出人们生活中将发生的事情，而不仅仅是产品的使用方法。

有一家女士贴身内衣公司，专门为那些忘记重要周年纪念的男士提供一种“这怪我们”的服务。他们会帮助男士送出延误的礼物，并向女士们道歉。

3. 减少复杂性

很多时候，选择也会成为一把双刃剑！当供应商的转换成本降低之后，如汽油和电费，生活的复杂性就会增加。比如，技术的出现带来了焦虑和烦恼；媒体信息的频繁出现创造了不和谐的音符，甚至侵袭着公共盥洗室；30 款牛仔裤、20 种果酱口味、24 种手机……这样的选择真的让人气馁。

客户在寻找个人建议和信息的时候，一般都依赖于朋友、家庭、网络或者顾问。企业要学会创新，要学会利用公共关系和广告的混合媒体，减少事物的复杂性，化繁为简。

4. 做好渠道管理

客户价值的便利性和渠道的增值都能为企业带来很大的优势。客户是需要高接触的互动性，还是需要高技术性，主要取决于购买行为生命周期所处的时点。51% 的顾客依然希望亲自接触所有的时点，即使那仅仅是个电话。

5. 做好企业信任管理

客户不会谈论关系，只会谈论值得信赖的企业，信任的特点在于安全、货币的价值。今天，“补偿文化”已经渗透进了企业界，企业风险管理已经成为一种需要，一定要做好企业信任管理工作。

6. 积极鼓励社群

价值和态度会主导一个人的行为，家族精神构建网络也会变得越来越容易。企业应该鼓励和增强社群价值团体，真正的差异就在这里。比如，诺基亚知道，“手机社群”更多的是指社群，而不是手机。

7. 加强和客户的合作

人们一般都非常重视参与和尊重，他们想要融入企业，想要和企业对话，想要被知道、被倾听，想要和企业一起共同创造品牌，因此就要加强和客户的合作。

注重客户价值的创新

创新的真谛是“超越”和“突破”现状，如突破陈旧的产品、服务、观念等，为客户创造全新的价值感受。按照交易导向的观念，核心产品是客户价值感知的唯一来源，为了在这种背景下进行价值创新，企业就要对现有产品进行变革，如取消、降低、加强、添加某些产品属性，或是重新对客户面临的问题进行界定、创造出一种全新产品等。

可是，当客户与企业建立起一定的关系后，除了核心产品，关系本身也会对客户价值感知产生很大影响。这时候，要想进行价值创新，企业不仅要变革现有的产品（重新界定客户问题）、创造一种全新产品，还要对现有的客户关系进行变革，即在现有的客户关系上取消、降低、加强、添加某些关系属性，比如，改变双方交互的内容、方式、频度；重新圈定企业的目标客户，并与这些客户建立全新的关系。

研究表明，客户关系中的信任与情感等无形要素不但对客户关系的维系起着重要的作用，同时也能为关系双方带来价值。因此，在客户关系背景下，提升客户对企业的信任度和情感，是价值创新的独特途径。

1. 实现产品、能力、资源的转变

从产品到能力和资源的转变，是基于客户关系进行价值创新的一条主要途径。

从客户价值的角度来说，要重视五类资源：人员、技术、知识和信息、客户的时间和客户本身。企业的大多数员工都是通过制造、传送、客户培训、故障处理、服务、维护等活动与客户直接接触的，其中有些人还会参与到重复销售和交叉销售活动中。

作为个体消费者（或代表组织的客户本身）经常也会对客户感知价值带来多方面的影响，比如，客户将对技术方案的开发、设计等造成的影响，这些影响对顾客的价值感知非常关键。

按照关系导向的营销观念，虽然公司可能会依然保留着由销售人员构成的部门，可是他们并不代表公司所有的营销人员。关系客户，包括单个的消费者、家庭和组织客户等，一般都喜欢得到更加个性化的对待。

2. 提高客户的信任度

虽然客户在与供应商交互的单个情节层面上所获得的利益（如优异的产品质量、定制、各种支持性服务）是其购买决策和再购可能性的基础，可是对于长期关系中的客户来说，对供应商充满信任是最有价值的。因此，通过提高关系客户的信任度来提升客户价值感知是基于客户关系进行价值创新的一种潜在途径。

对于供应商来说，客户信任非常重要，尤其是当客户发现，市场上还存在其他供应商也能提供质量相当的产品（服务）时。如果与某一供应商保持好关系能够给客户带来安全、可靠、有保障、连续等感受，顾客必然会更加信任供应商；同时，这些感受还有助于减少心理成本、节约寻找其他供应商的时间等。

3. 为关系增加情感要素

关系双方在不断的交互中产生的情感联系，满足了关系客户的高层次需要，对于客户具有特殊的价值。鼓励销售人员与客户建立彼此的信赖对于企业来说也非常重要，不仅可以让企业在客户缺少转换交易伙伴的强烈动因时，与该顾客保持联系；当该客户转向其他企业时，也可以让企业有机会对竞争者的挑战做出反应。

要想向客户提供社会利益，企业就要把人与人之间的关系和企业与人之间的关系结合起来。最常用的方式是建立客户组织，即将客户以某种方式纳入到企业的特定组织中，使企业与客户保持一种更为紧密的联系，实现对客户的有效控制。

这种集约化的客户联系方式具有很强的针对性和目的性，通过这种方式，企业可以给予客户优惠和奖励、向客户提供产品信息、定期举办联谊活动，加深顾客的情感信任、密切双方关系。客户组织可以是有形的，如客户俱乐部；也可以是无形的，如利用数据库建立客户档案。

企业要对其服务设计现状加以改进，如此员工与关键的客户才能保持较长的接触时间；或者，将服务集中化使客户只应付一个接触点，增强企业与客户之间的社会联系。有些服务企业鼓励员工快速有效地应付客户的要求，员工会因此而受到奖励。尽管这样有助于企业提高效率，但也可能是严重损害本来能够给予客户的特殊利益。

第五章

商业模式的业务经营系统定位与重构

领袖和跟风者的区别就在于创新。创新无极限！只要敢想，没有什么不可能，立即跳出思维的框框，尝试去寻找更有效的解决方案，更招消费者喜爱、更简洁的商业模式。

——乔布斯

什么是业务经营方向

所谓经营方向，是指企业现在可以提供的产品（服务）范围，以及未来一定时间内拟进入（退出）、拟拓展（限制）的某些业务范围，为企业活动确定了界限。

今天，市场竞争已经演化为综合实力和整体素质的较量，演化为系统运筹决策的较量。选择正确的企业经营方向，已经成为企业经营中的“重中之重”，是企业战略谋生的第一要务。面对激烈的市场竞争，在企业运行之前领导者必须“成竹在胸”，把握好企业的基本目标，确定好企业成功的航向。

对于一些新创办的企业或进行大规模调整的企业来说，往往会对企业经营战略进行构想。首先，要确定经营的基本方向，重新审视自己的经营业务，看其是否有广阔的前景；其次，要对经营的范围进行界定，确定经营的重点；最后，制定一个总体目标。这是企业经营战略的核心部分，在制定经营战略时，企业要综合考虑多方面的因素，统揽全局。

确定企业的经营方向要遵循以下几条原则：

- 企业的经营方向要适合国家长远规划和市场需求，避免盲目性，紧跟市场最新动态。
- 搞清楚企业应该在什么行业经营，经营方向和经营范围是什么，服务的对象是谁。要选择对企业发展和生存最有利的、发展最有前途的行业经营。
- 要找出最能发挥企业特点和优势的行业，尽可能地开发与企业的生产工艺、技术水平等相适应的产品，不要轻易离开企业的长处而从事完全陌生的事业。

•要保持灵敏的商业嗅觉，选择其他企业有美好前景的经营方向。

•寻求多种能和自己的经营范围起协调作用的经营方向。服务面越宽，企业经营就越容易稳定。同时，要搜集大量有价值的信息，从中得到启示。

•根据市场特点和调查分析得出：欧洲市场喜欢高档品，顾客注重产品的精致性；美国市场喜欢款式新，顾客讲究产品的新鲜感；东南亚市场偏重产品的功能，追求产品的便利性。企业要根据所面对的市场，认真选择经营方向。

在明确了企业经营方向之后，企业才能够游刃有余地在复杂的市场环境中集中全部财力、物力、人力、信息等各种资源，做出辉煌的业绩。

见缝插针，找到产业链中的空隙

今天，很多公司都把精力放在了与对手竞争和打败对手方面，他们以“竞争”作为战略分析的基点，希望自己能够比竞争对手做得更好。其实，这种战略思维只会让市场份额在企业之间分布不均，不仅不会增大整体市场规模，更谈不上市场创新。

那么，企业如何才能彻底摆脱这种竞争格局，开辟一个全新的市场空间呢？见缝插针，找到产业链中的空隙。具体来说，可以从以下几个方面入手。

1. 寻找替代产业和他择产业间的空隙

传统的企业间的竞争都是硬碰硬的，这种正面竞争强调的是与产业内竞争对手的比拼；可是从广义的角度来说，企业不仅要与产业内的对手竞争，还要和提供替代产品、他择产品的企业竞争。

替代产品，是指形式不同但功能（核心效用）相同的产品（服务）；他择产品，是指功能与形式都不同而目的却相同的产品（服务）。例如，电影院和餐馆在形式与功能上都不相同，但二者都能为消费者提供服务，所以二者对于彼此来说不是替代产品，而是属于他择产品。

如今，大多数企业都把精力放在了产业内的竞争对手上，比如，看到竞争者调整售价、改变产品款式、推出新的广告，自己就会出现强烈反应。可是，如果是在一个替代产业、他择产业里出现同样的举动，通常是不会引起多大反响的。

其实，这种替代产业、他择产业之间的距离却可以为企业经营方向的选择提供很多机会。因此，企业要找出所在产业的替代产业、他择产业有哪些，分析顾客为什么会在它们之间做出权衡取舍，同时，要集中力量提供那些促使顾客跨产业权衡的关键元素，剔除或减少其他元素，开辟出一个崭新的市场空间。

20 世纪 80 年代初，北美的 Home Depot 公司注意到了家庭装修者的两种选择：一是选择职业装修人士，因为他们具有丰富的专业知识和经验；二是自己到五金店购买工具和原材料并自己动手做，主要是出于减少成本的考虑。

Home Depot 瞄准了这两个替代产业的缝隙，创造了经典的 DIY 市场：雇用了一大批专业装修人士为顾客提供家装的指导和建议；同时，删减了一些如陈设精美的货架、租金昂贵的选址之类耗费成本的项目。

为了减少管理和存储成本，他们还采用了自助式仓储格局，最终以比五金店更低的价格向客户提供了专业装修人士特有的知识和经验。

不可否认，该公司正是在正确分析顾客对两种替代产业的权衡取舍的基础上，吸取了两种产业的长处，将顾客对家装市场的潜在需求转化为现实需求，创造了一个与众不同的市场。

2. 超越战略集团的思维模式

产业一般都是由一些采取相似战略的战略集团所构成的，绝大多数的企业都非常重视自己在一个特定战略集团内部竞争地位的改善。例如，奔驰、宝马和捷豹等品牌都想在豪华汽车的细分市场内与众不同；经济型汽车制造商为了与竞争对手一比高下，则把自己的资源主要集中在了自己的战略集团内。其实，仔细研究一下就会发现，这两个战略集团都没有关注对方的目标和战略，因为他们认为他们之间并不存在实质性的竞争关系。

所谓超越战略集团的思维模式，就是突破现有的战略集团的狭窄的思维视野，在对产业内不同战略集团和相关地位分析的基础上，不断挖掘出新的价值创新点。企业要做的是，对你所在的产业中存在哪些战略集团进行判断，对顾客在不同战略集团之间做出选择的决定因素认真分析；之后，结合不同战略集团之间的优势，创造出令顾客满意的新产品。

法国 Acoor 公司改变旅店服务方式的事例，很好地说明了这一点。

法国 Acoor 公司是一家一星级旅店，原本属于经济型旅店，但 Acoor 公司推出的服务方式，在房间内的卫生、床的质量和安静程度等方面超过了二星级旅店；但在房间大小、房内设施等方面又低于一星级旅店，于是他们就把价格控制在与一星级旅店相近的水平。这种做法吸引了很多顾客，如卡车司机、需要短时间休息的商务人员。

再如美国的 Ralph Lauren 公司也是如此。

美国 Ralph Lauren 公司开创了一个“无时尚新款”的时装市场。时装店的设计十分高档，店面典雅，面料豪华，抓住了顾客对高级时装所看重的地方；同时，经它更新改良的传统造型和价位整合了经营传统款式服装的商家的优势。

将这众多商家各自最吸引人的因素结合起来之后，Ralph Lauren 公司的 Polo 品牌不仅从两个细分市场内获得了市场份额，还把许多新顾客都吸引了过来。

3. 对产业的目标顾客群重新界定

产品（服务）的目标顾客是谁？这似乎是一个很简单的问题，其实不然！在很多情况下，产品（服务）的购买者、使用者和重要影响者各不相同，他们一起构成了一条所谓的顾客链。

在这条顾客链上的每一方对价值的定义都会有所不同。例如，购买者可能关心的是成本，而使用者关心的是使用是否方便。一般来说，每一个产业对本产业的目标顾客都持有趋同的定义，结果都聚焦于单一的目标顾客群。

例如，制药产业几乎把全部注意力都集中在影响者——医生身上，而办公设备产业聚焦于购买者——公司的采购部门，服装业主要是针对使用者。

其实，这种目标集聚只是产业长期实践的结果，如果能够超越这种对目标顾客群的传统思维定势，挑战产业有关目标顾客群的成规惯例，将关注点转移到那些曾被忽略的顾客身上，会使公司获得重新创造市场的敏锐洞察力。

要想实现这一点，企业就要对产业的买方链是由哪些价值主体构成的进行分析，判断产业的目标顾客是其中哪个群体；分析当把目光从该群体移到另一群体以后，怎样才能为新的目标顾客群体创造新价值。荷兰飞利浦公司是这方面成功的典范。

飞利浦的照明灯泡的传统目标顾客是公司采购部经理，其关心的是灯泡价格和使用寿命，但忽视了灯泡报废之后还要花费高昂的处置成本，而这却是公司 CFO 所重视的。

因此，在 1995 年飞利浦发明了一种环保型灯管，并面向 CFO 和其他影响者促销。这种环保型灯管不仅可以减少顾客的总成本，还迎合了其对环保的迫切要求，从而获得了极大的成功。

4. 发掘互补性产品（服务）的需求

在很多时候，企业提供的产品（服务）都不可避免地受到其他一些产品（服务）的影响，但令人遗憾的是，大多数企业总是集中在本产业的产品（服务）范围内进行竞争和创新。

以影剧院为例，临时停车的方便与否以及相应的成本将会在很大程度上影响顾客是否去看电影，虽然这些补充性产品（服务）已经超出传统定义的影剧院产业边界，但很少有影剧院的经营者去关心和解决这些问题。

其实，在补充性产品（服务）中蕴藏着许多尚未开发的需求，如何将这种需求发掘出来呢？最简单的方法就是——想一想，顾客在使用你的产品之前、之中、之后还需要什么。停车位是在进影剧院之前需要的；操作系统和应用软件是在使用计算机之中需要的；对航空产业来说，地面运送则是飞行之后需要的……企业要善于从互补性产品（服务）中寻找市场。

目前我国很多图书超市重新定义了他们所提供的服务范围，比如，聘用一些高层次员工为顾客提供购书指导，提供书桌、古典音乐；有些书店甚至还开辟了专门的“书吧”，不定时地邀请名家举办知识讲座，为顾客创造良好的购书氛围。其实，这就是一种通过提供互补性产品（服务）来实现市场创新的一种营销模式。

5. 重新思考产业的功能与情感导向

当今产业内的竞争导向主要有两种：一是基于价格和功能的理性式竞争；二是基于情感和关系的感性式竞争。一般来说，为了应对竞争，企业都会以一种循环强化的方式向顾客灌输对一种产品的定向期望。由此，功能导向的企业会变得更加理性，情感导向的企业则会变得更富有情感，两者之间的隔阂会越来越大，两者的产品同顾客的需求也会越来越不一致。

其实，企业如果勇于挑战这种功能，将会发现新的市场创新空间！情感导向的企业如果抛弃一些成本较高但无助于性能增强的额外因素，将会创造一种简化的、低成本的、低价格并受顾客欢迎的商业模式。相反，功能导向的企业如果注入一点情感的因素，则会创造出新的顾客需求。

为此，企业要做的就是，判断你的产业是在功能层面上竞争还是在情感层面上竞争。如果是在情感层面上竞争，就要分析一下，看看除去哪些元素可以使之功能化；如果是在功能层面上竞争，就要分析一下，看看添加哪些元素可以使之情感化。

20 世纪 80 年代后期，美国咖啡市场被食品总公司、雀巢和宝洁这三家咖啡公司所控制，为了争夺市场份额，价格战此起彼伏。消费者把喝咖啡视为日常生活的例行公事，并通过比较价格、折扣券和品牌等理性化因素来决定购买。结果，行业低增长，利润微薄。

鉴于这种状况，星巴克公司抛弃了传统的把咖啡视为功能性产品的思维，为咖啡注入了一些情感因素。星巴克采用“咖啡吧”这种有别于传统罐装售卖的新形式，给顾客提供了一种休闲和社交场所，使喝咖啡成为一种“情感体验”。同时，由于其价格合理，没有借助广告，星巴克便实现了 5 倍于行业平均利润的奇迹。

点线放射，以我为中心，合理整合资源

对于任何一个企业来说，资源再多也还是有限的，企业不仅应拥有资源，而且还要具备充分利用外部资源的能力，使社会资源能更多更好地为本企业的发展服务。

一些企业没有厂房，没有机器设备，甚至没有自己的员工，同样能生产出产品。有的企业进行脑体分离，企业仅拥有组织经营生产的人员、几

间办公室而已，却利用外部的土地、厂房、技术人员、管理人员、劳动力、原材料等生产出大量的产品。因此，在营销策划过程中必须时刻提醒自己要开阔视野，充分利用广泛的社会资源，合理地对各种资源进行整合。

按照企业之间整合资源的方式不同，可以把资源整合分为三种形式：纵向整合、横向整合和平台式整合。

1. 纵向整合

纵向整合是处于一条价值链上的两个或者多个厂商联合在一起结成利益共同体，主要在于整合产业价值链资源，创造更大的价值。

其实，传统的“原材料供应—设计制造—产品分销”就是一条典型的纵向价值链，企业在其中要考虑的问题是：自己是否处于价值链上最有利的位置？自己是否在做最适合自己、最能发挥自己优势的工作？如果不是，自己在哪些环节上没有相对优势？应整合哪些具有相对优势的资源？该如何整合？

按照传统的经营方式，花店都是先从花农处采购鲜花，然后再卖给顾客的。几十年来，都是如此。可是，这并不意味着它是最好的经营方式。

花店可以与花农和快递公司结成战略联盟。花店作为一个鲜花的订购中心，顾客到这里订购鲜花，花店记录下顾客订购的花的种类和数量，以及顾客要送达的地址和要送达的时间。同时，把顾客需要的花的种类和数量信息发给花农，通知花农准备鲜花。然后，把顾客订购的花的种类和数量，以及顾客要送达的地址和希望送达的时间等信息发给快递公司，由快递公司从花农处取得鲜花，再送给顾客。

花店通过与快递公司的合作，整合快递公司的运输资源，把传统情况下的两方合作变成三方联盟。新的战略联盟大大扩展了生意量，每个参与方都获得了更多的收入：花农可以卖出更多的花，快递公司得到更多的生意，而花店得到更多的订单，并同时节省了运输成本。顾客也可以享受到更多的鲜花选择和方便快捷的上门送花服务，这都是传统的花店做不到的。

2. 横向整合

横向整合是把目光集中在价值链中的某一个环节，探讨利用哪些资源、怎样组合这些资源，才能最有效地组成这个环节，提高该环节的效用和价值。

纵向资源整合是把不同的资源看作是位于价值链上的不同环节，强调的是每个企业要找准自己的位置，做最有比较优势的事情，并协调各环节的不同工作，共同创造价值链的最大化价值。而横向整合的资源往往不是处于产业链内，而是处于本产业链外。

3. 平台式整合

平台式资源整合考虑的是，企业作为一个平台，在此基础上整合供应方、需求方甚至第三方的资源，同时增加这双方的收益或者降低双方的交易成本，自身也因此获利。

阿里巴巴就是一个典型的搭建平台整合资源的例子。它整合了供应方和需求方的信息，打造了一个信息平台。供应方和需求方可以通过它交换信息，互通有无，达到最佳的交易效果，而阿里巴巴则通过收取服务费而赢利。

同样，现在所有的展览会都通过平台式资源整合方式打造供求双方交流的平台，通过满足双方各自的需求而赢利。一个展会至少要整合三方面的资源：一是参展商；二是专业观众；三是为展会服务的服务商（如物流商、酒店、搭建商、保洁、安保、展馆、旅游商等）。

先人一步，领先战略开拓新的业务范畴

企业不仅要重视业务的稳步发展，还要着眼于新项目的开拓。Claires连锁商铺是一个成功寻找“最佳业务”的零售业案例。

Claires的原本业务集中在美国，主要是为年轻人提供时尚饰品、小配件和化妆品。这家商铺的主要经营理念是“为年轻女孩提供流行饰品”，他们一边寻找业务增长的新来源，一边把地域市场的扩张作为“最佳业务”，先后在欧洲进行了一系列的扩张，包括奥地利、瑞士、德国、法国和爱尔兰。

由于对新市场的不熟悉，Claires的地域市场扩张主要是通过收购熟悉当地客户和渠道的本地卖场来实现的。通常来说，他们都是先收购一些拥有管理架构、本地采购经验和客户知识的零售连锁店，然后向它们输入Claires的商业理念和管理方法。

在这个过程中，成本结构和原有核心能力的利用是Claires充分利用的基础，采用收购的方式不仅缩短了与新客户的距离，也大大降低了进入新市场的风险。

通过这样的扩张方式，跨越地域，不断重复进行小规模的扩张，1989—2004年，Claires的连锁分店总数已经多达700家，其中北美以外业务占到它业务总量的29%，企业利润和规模同时得到了增长。

虽然先人一步，掌握了测量新业务的具体指标，选对了方向，该行业的利润空间也不错，可是如果没有对目标消费者的准确定位，新业务的扩张也要大打折扣。

在最近几年，传统的业务竞争激烈，一家女装零售商的赢利状况不理想，想通过市场细分来实现转型。通过调研，他们发现，特种型号的服装利润丰厚，于是企业决定进入这个专门满足肥胖女士“加大码”的女装市场。

可是，由于过于强调速度，没有准确把握好消费心理，开业后利润非但没有增加，反而出现了下降。通过观察，这家店发现有一家同样定位的女装零售店，但他们的重心不是在于提供特种型号的服装，而是放在如何使肥胖女性看起来更苗条，大大满足了这部分消费者的需求。

于是，该企业调整了自己的宣传重点，将广告重心放在打动消费者内心需求上，以“还女性婀娜姿态”为目标组织产品，不仅吸引了肥胖女性，并且顺利延伸到了孕妇装、老年装领域，获得了极大成功。

企业在扩张中搜寻“最佳业务”的时候，可以通过寻找的新机会，包括新的地理市场、新的产品（服务）、新的客户细分市场、新的渠道、新的价值链结构或者模式来实现再次增长的梦想。可是在这些新机会中，与核心业务的相关性是最重要的。

当新业务与核心业务只有一步之遥的时候，成功的概率是42%；当距离拉大到两步的时候，成功率下降到23%；如果距离拉大到三步，那么只有18%的成功概率了。衡量新业务与核心业务之间距离的尺度有三个：成本结构是否相同、客户基础是否可以利用、企业原有核心能力是否可以利用。而退出成本指标和潜力指标是衡量新业务运作风险的指标。

按照这三个尺度，企业就可以衡量出新业务与核心业务之间的距离到底有几步。

1. 选择新业务的“测距指标”

要想降低扩张中的风险，首先就要衡量新业务与企业的匹配程度。道理很简单，行业跨度越大，对管理、技术等要求就越高，组织的学习成本就越大，成功的可能性就越小。

“测距指标”一共有以下五项：

（1）距离指标

如果想判断你选择的新业务与自己的核心业务是不是太“遥远”，就要对这些要素进行比较：资源基础、成本结构、目标客户和公司能力、文化等。

比如，在 DVD 取代 VCD 的开始阶段，DVD 的碟片资源比较少，价格昂贵，无形中就增加了客户的转换成本，因此如果在这个时期进入，企业在短时间是无法赢利的。相反，如果顾客承担的转换成本很小，企业成功的概率则会显著提高。

（2）利润池指标

也就是说，要看看你选择的新业务利润池是不是足够大。具体来说，要考虑以下问题：行业利润率多高？总量是多少？目前的厂家合计做到了没有？为什么没有做到？所进入的行业，平均利润率越高越好，因为这样可能的利润率和利润空间也就越大，在陷入价格战的境地中不会大伤元气。

如果核桃油市场是一个非常有前景的待开发的蓝海市场，“金龙鱼”为什么不进入核桃油市场？核桃粉更不用说了。因为核桃粉是低廉产品的代名词，试想一下，5 元钱就能买到 500 克的核桃粉，它的营养价值和智力功能的可信度会怎样？

（3）竞争者指标

要考虑以下问题，该行业的竞争对手情况如何？他们各自的优势、劣势是什么？如果他们做得都不太好，就要了解其中的原因了。因为竞争者最能反映出该行业的特点，了解他们越多，就越能找到制约该行业的瓶颈在哪里。这样，结合公司的核心能力，不仅可以更加清晰地判断出企业所处的位置，还可以明确要在该行业获取竞争优势所必需的资源。

（4）退出成本指标

进入某个领域需要代价，同样，从该领域退出也需要代价。如果退出成本高昂，就会让企业深陷泥潭而无法自拔，因此退出机制是在企业进入时就应该设想好的。

（5）潜力指标

有些行业市场好像已经走到了尽头，可是仔细研究就会发现，其实还有潜力可以挖，比如，CRT 显像管通过技术改造，就可以开发出短颈彩电，完全可以弥补产品生命周期和利润下滑的缺陷。

潜力指标是企业利润池的保护伞，要结合企业核心能力来综合判断，有利于对将要进入新领域的市场潜力做出客观的评估。比较明智的做法是，可以选择一些暂时还没有占据“领袖”位置的行业，如此即使你不能成为行业的“新领袖”，也可以获得较为满意的生存基础。

2. 掌握必要的原则

采取领先战略的时候，需要掌握以下几点原则：

（1）仅有资金的支持是不够的

俗话说，隔行如隔山。在培养新增长点时，并不是仅仅有资金的投入就可以了，不仅要将产供销、管理制度、企业文化等规则进一步融合，还要将企业内部的各种资源进行重新配置，运营模式也得从头进行摸索。而且，管理团队组建等问题并不是光用钱就能解决的。

（2）核心能力不易复制的企业不宜扩张

核心能力培养的最终目的是为了利用，如果核心能力不能有效地通过复制进行扩张，就不要强求。复制能力是企业扩张的第一能力，决定了企业发展的规模和强度，信息量多、技术复杂的行业是不适宜搞连锁的。

比如，资本密集型行业不便于做连锁，如煤炭、钢铁、石油行业；旅游行业不便于做连锁；生产型企业也不宜做连锁……主要原因就在于这些行业的企业特征不便于全部复制。

（3）改变你所能改变的

著名投资专家沃伦·巴菲特曾经说过："我的成功并非源于高智商，最重要的是理性。我总是把智商和才能比作发动机的动力，但是输出功率，也就是工作的效率，则取决于理性。"这就告诉我们，改变你所能改变的，如果不能，则要适应；如再不能，则离开，千万不要不自量力和静等死守。

打好分包、外购或者与外部伙伴协作的牌

在经营自己的业务系统的时候，除了把握好自己外，还要做好分包、外购等，与外部伙伴加强合作。

1. 业务外包

业务外包，也称资源外包、资源外置，是指企业基于契约，将一些非核心的、辅助性的功能或业务外包给外部的专业化厂商，利用它们的专长和优势来提高企业的整体效率和竞争力，降低成本、提高效率，充分发挥自身核心竞争力，增强企业对环境的迅速应变能力。

重庆的雨水集团，就是利用典型的业务外包这种方式来整合社会资源的。

在20世纪90年代公司的发展初期，公司的资源，尤其是土地、厂房、生产的机器设备等有形资源欠缺，甚至连办公地点都没有，也没有那么庞大的资金去购买这些资源，拥有的只是一个化妆品的专利技术。

在这种情况下，按传统的思维方式，经营根本无法进行。但雨水公司通过采取业务外包的方式，委托一家制药厂为其生产产品（公司只是付给一点生产的费用），连公司的办公场所都是租用的，充分利用社会资源解决了这个问题。可是公司控制了这个价值链中的关键环节——专利和销

售。最终，公司的经营得以继续，并蓬勃发展。

根据核心能力观点，企业应集中有限资源强化其核心业务，对于其他非核心职能部门则应该实行外购或外包。通过实施业务外包，企业不仅可以降低经营成本，提高效率，集中资源发挥自己的核心优势，更好地满足客户需求，增强市场竞争力，而且可以充分利用外部资源，弥补自身资源和能力的不足，同时，业务外包还能使企业保持管理与业务的灵活性和多样性。

业务外包理论强调企业专注于自己的核心能力部分，如果某一业务职能不是市场上最有效率的，并且该业务职能又不是企业的核心能力，那么就应该把它外包给外部效率更高的专业化厂商去做。

2. 合资

企业通过合资经营的形式将各自不同的资源组合在一起，共同经营，共担风险，实现双方资源和能力互补，达到共同发展的目的。在下列情况下，合资是一种比较好的策略：

- 一个企业单独运作时不经济或有风险。
- 通过集合两个或两个以上企业的资源和能力能够为一个企业带来更多的资源，使之成为一个强有力的竞争者。
- 能克服进口份额、关税、国家政治和文化障碍。

3. 企业并购

企业并购也是企业取得外部经营资源、谋求对外发展的策略之一，通过并购，可以获得出让公司经营资源的支配权。

企业并购的方式主要有以下四种：

（1）整体并购

企业以资产为基础，确定并购价格，受让目标公司的全部产权的并购行为。

（2）投资控股并购

企业向目标公司投资，将目标公司改组为自己的控股子公司的并购行为。

（3）股权有偿转让

企业根据股权协议价格，受让目标公司的全部或部分股权，从而获得目标公司控制权的并购行为。

（4）资产置换

企业用一定价值的资产，并购等值的优质资产的产权交易行为。

4. 联合研发产品

新产品的开发是个复杂的过程，从寻求创意到新产品问世往往需要花费大量的时间，而市场环境的复杂多变又使新产品开发上市的成功率极低。企业间共同开发与提供新产品，可以利用共同的资源，进行技术交流，减少人力资源闲置，节省研发费用，分散高风险和共同攻克技术难题；同时，企业各自都可以利用新产品改造现有的产品，提高产品的质量或创新卖点，从而提高市场竞争力。

在汽车行业，东风朝阳柴油机有限责任公司（简称朝柴）和安徽江淮汽车股份有限公司（简称江汽）是多年的合作伙伴，产销量和社会保有量分别在汽车和发动机行业中一直处于领先地位。这两家公司通过联合研发新产品达到了双赢。

2005 年 7 月 1 日，国家全面实施了欧Ⅱ标准，为了适应市场和用户的需求，江汽推出了符合新标准的威铃和帅铃。

朝柴也适时推出了适应市场和用户需求的两款新动力发动机 4D47 和 QD32。这两款发动机是朝柴公司全新开发和引进的高品质产品，其中 QD32 引进了日产柴油机技术，而 4D47 则已经实现凸轮轴顶置，两者在工艺和设计上已经实现了质的变革，在性能和技术上有了领跑者的风范。

如果江汽的帅铃、威铃装配朝柴的QD32、4D47，将为用户提供超越其愿望、更能有效带来经济利益的新价值。于是江汽和朝柴联合开发了具有“新标准、新动力、新价值”的全新产品——威铃和帅铃新版轻卡，其中威铃装配朝柴自主研发的4D47发动机，帅铃则装配朝柴引进日产柴技术的QD32发动机。新产品推出后，朝柴和江淮公司在全国10个地区进行联合推广行动，在全国各地震撼登场，被市场认可。

5. 特许经营

特许经营，是指特许经营权拥有者以合同约定的形式，允许被特许经营者有偿使用其名称、商标、专有技术、产品和运作管理经验等从事经营活动。拥有重要无形资产的一方，撬动了广泛的社会资源，有利于迅速扩大规模、获取额外收益。在酒店业中，“如家快捷”是比较成功的特许经营方式。

6. 资源共享

任何企业不可能在所有资源类型中都拥有绝对优势，即使同一资源在不同企业中也会表现出非常强的比较优势，这就构成了企业资源互补融合的基础。尤其是已经固化在企业组织内部的某些资源，是不能完全流动交易的，如营销渠道、市场经验、客户数据库资料等无形资源，不便通过市场交易直接获取。要想获取对方的这些独特的资源，必须与之建立合作关系，实现双方资源的共享和互补。

7. 联合调查

市场调查是整个营销活动的起点，是获取决策信息和决策依据的途径，但市场调查工作量太大、专业性太强、费用太高，而企业联合起来，就可以避免以上各种不足。

企业在做这样的调查时，可以寻找同类（目标客户相同）但生产不同细分市场产品的企业。例如，生产儿童羽绒服的厂商，可以联合儿童玩具厂商、儿童食品厂商、儿童图书厂商等一起，共同对当地政治环境、法律环境、经济环境、技术环境、文化环境、消费者状况等进行调查。

当然，在调查各自行业发展状况、同行对手情况、同类产品情况等项目时，各企业不能使用完全相同的调查结果，得区分对待。

8. 产品价值包拓宽

要拓宽产品价值包，企业可以给自己的产品寻找一些配套的商品，使整个组合提供给消费者一个完整的功能空间，方便消费者使用，从而使自己产品的价值扩大化、完整化。

吉列刮胡刀配上永备电池同时销售，雀巢咖啡提倡与三花奶共饮，就是比较典型的功能组合。这种组合可以扩大产品的功能空间，方便消费者的操作和使用，提高产品的附加值，产生“1 +1 >2”的效应。

在一项调查中星巴克发现，在自己的2000万名顾客中，90%都是互联网用户。星巴克决定在菜单上添加一项“新内容”——高速无线互联网服务。之后，他便与惠普以及T-Mobile联手，共同致力于为消费者带来无线、高速的体验。

在拥有高速无线网络的星巴克咖啡店中，顾客只要一台支持无线上网功能的笔记本电脑，就可以实现在互联网上畅游。

惠普出现以后，星巴克提供的就是全能的超值服务，看似毫无关系的两者，一经合作，就改变很多，它们的合作足迹使餐饮业的电子化成为可能。

9. 渠道共享

渠道是一种资源，异业或同业间渠道的借用与共享，可以大大拓宽售点和展示点的口径，构筑起超越竞争者的优势渠道。通过渠道共享，企业既可以借助共生伙伴的渠道把产品安全、及时、高效、经济地从生产者手中转移到消费者手中，又可以降低渠道建设成本，提高分销效率。

小鸭集团与东芝的合作是共享销售渠道的成功模范。

小鸭集团借中国加入世贸组织的时机跨入了国际市场，与东芝实行战略联盟。在联盟中，小鸭可以使用东芝的技术；对于东芝来说，可以利用自身的管理、技术人才，生产制造东芝品牌的洗衣机，并利用小鸭的销售渠道，在中国国内销售，部分产品返销日本。也就是说，东芝靠技术换来了对小鸭分销渠道的使用权，同时，小鸭也获得了一部分东芝销售渠道的使用权。

10. 品牌联合

为了借助其他品牌所拥有的品牌资产来影响消费者对新产品的态度，进而增加购买意愿，并借以改善本品牌的品牌形象或强化某种品牌特征，有些企业就会采用品牌联合的方式。

品牌联合是一种重要的品牌资产利用方式，其优点在于它结合了不同公司的优势，可以有效增强产品的竞争力，在一定程度上降低促销费用。

海尔集团下属的海尔家居集成有限公司与房产商大连万达集团结成战略联盟关系，共同推介“万达—海尔”联合品牌。在大连万达开发的住宅房地产项目上，海尔家居提供了菜单式装饰、装修集成和室内电器等配套设施，并统一冠名“万达—海尔”房，提高了住宅的品位和知名度，这种住宅比普通的全装修房更容易被白领人士接受。

事实证明，这种不同行业品牌的联合促销能产生名牌叠加效应，达到双赢目的。

11. 联合促销

所谓联合促销，是指两个或两个以上的企业实体，在资源共享、互惠互利的基础上，开放各自的营销资源，共同进行促销，通过优势互补，各取所需、各得其所。

在竞争激烈的市场环境中，采用联合促销策略往往能起到单一促销无法达到的效果。联合促销是双赢思维的产物，它的本质是借助外力资源达到自身促销效益的最大化。

2006 德国世界杯之前的“久久丫”，是在全国拥有 600 多家连锁店的熟食企业，但在广州等南方市场，一直无法打开局面。

“久久丫”决定抓住世界杯这个四年一遇的机会，从球迷身上找到突破口。久久丫想到了啤酒。一直以来，看足球喝啤酒是很多球迷的消费习惯，如果再加上鸭脖，更会是一种绝妙的搭配。

从 6 月 5 日起，“青岛啤酒”“久久丫”合作的新闻就出现在了上海、北京、广州、深圳等地，正式展开了世界杯的营销攻势。

6 月 9 日，世界杯举办的第一天，便推出了“24 小时电话、网上购买久久丫鸭脖，送青岛啤酒助威世界杯组合套餐”活动，双方联合打出的口号是：看世界杯，喝青岛啤酒，啃久久丫。顿时，全国范围内刮起了鸭脖销售风暴。世界杯开赛当天，“久久丫”的全国销量就比平时增长了 70% ~ 80%，几乎销售一空。

第六章

商业模式的品牌打造

在技术统治一切的年代里，品牌带来了温暖、熟悉和信任。在一个没有宗教的（商品）世界里，它为我们提供信仰。它定义出我们是谁，而且还向与我们有关的人发出这样的信号。

——雀巢集团董事长　彼得·布莱贝克

品牌力，就是企业的生命力

在现代经济中，品牌是一种战略性资产和核心竞争力的重要源泉。不管是对于哪家企业，树立品牌意识，打造强势品牌，都是其保持战略领先性的关键。正如美国著名营销专家拉里·赖特描述的那样："未来是品牌的战争——品牌互争长短的竞争。商界和投资者都必须认识到，只有品牌才是公司最珍贵的资产……拥有市场比拥有工厂重要得多，而拥有市场的唯一途径是拥有具备市场优势的品牌。"

今天，品牌已经与企业的整体形象、产品的销售推广紧密地联系在了一起。拥有良好的品牌，人们就会对生产该品牌产品的企业产生信任感，就会认同该企业的其他产品，从而能够提高企业的整体形象。由此可见，品牌战略其实就是适应市场竞争而精心培养出核心品牌产品，再利用核心产品创立企业品牌形象，最终提高企业整体形象的一种战略，是企业用来参与市场竞争的一种手段。

在过去，有这样一种说法：如果可口可乐公司顷刻之间全部被烧毁，那么在一夜之间可口可乐公司就可以重新树立起自己在饮料市场中的重要地位，这就是可口可乐品牌的魅力。

在市场上，优秀的品牌之所以能够畅销不衰，牢牢地在市场上保持优势地位，根源就在于企业逐渐培养起来的在消费者心中的品牌信誉度。事实证明：谁能够最先提供消费者所需要的产品，谁就能够赢得市场。那么，如何来塑造品牌形象呢？

1. 提高产品的品质

产品质量直接关系着企业的生死存亡，产品的高质量，既是竞争者手中的王牌，也是竞争对手较难模仿的竞争利器。产品质量是凭借企业的整体系统管理能力来保障的，比任何形式的促销手段都更能让顾客信服。由于有着高品质，不仅可以为消费者带来品牌价值，还能带来较大的使用附加值。因此，要想塑造品牌影响力，首先就要提高产品的品质。

2. 让产品别具一格

每个知名品牌都是高质量的代名词，但也有各自的独特性，正是这种不同造就了各种各样的知名品牌。企业各自的社会资源和独特的成长经历都能转化为自身的秘密武器——企业的核心竞争力。

3. 保持领先地位

一种产品要立足于市场，必须有“绝活”。永远保持某个领域的领先地位，是许多知名品牌成名的法宝。比如，可口可乐有其深厚的文化底蕴，品牌价值高居全球榜首，是生命周期长、辐射范围广的品牌。

4. 提高整体营销力

企业除了整体的综合竞争力之外，绝大多数时候比拼的是整体营销能力。这是一种最原始、最直接的竞争方式，既是一个此消彼长的过程，也是一个“一箭双雕”的过程。

营销做得好，既可以增加企业市场份额，提升利润，增强企业的竞争力和抗风险能力，又能够对竞争对手的市场生存空间造成挤压，培养顾客的忠诚度，提升品牌知名度……如此，企业才能争得更大的生存空间和发展机会，活得更好，活得更长。

5. 创造高雅的文化

人们之所以热衷于购买劳斯莱斯，不仅是为了解决出行方便的问题，更是为了显示身份与地位；孩子们之所以会迷恋麦当劳、肯德基，不单只为了满足口味，也是为了追寻一种快乐和温馨的氛围；美国富翁之所以要搭载飞船上太空，不是为了科研考察，而是为了显示身份与地位，为了满足自己的好奇心。

产品是有一定的生命周期的，具有阶段性的局限，只有文化才是永恒的。失去了文化的支持，产品可能会畅销一时，但绝不会风光无限。这是因为，很多策划家为产品赋予了永恒的文化内涵，使其品牌永久存在、生生不息。

品牌形象越鲜活就越有影响力

品牌形象是企业或其某个品牌在市场上、社会公众心中所表现出的个性特征，体现了消费者对品牌的评价与认知。

品牌形象与品牌是不可分割的，形象是品牌表现出来的特征，反映了品牌的实力与本质。形象是品牌的根基，因此企业一定要重视塑造品牌形象。

1. 品牌形象的有形要素

品牌形象的有形要素包括产品形象、环境形象、业绩形象、社会形象、员工形象等。

（1）产品形象

产品形象是品牌形象的代表，是品牌形象的物质基础，是品牌最主要的有形形象。产品形象包括产品质量、性能、造型、价格、品种、规格、款式、花色、档次、包装设计、服务水平、创新能力等。品牌形象主要是通过产品形象表现出来的。

产品形象的好坏直接影响着品牌形象的好坏。一个形象好的产品可以使广大消费者纷纷选购，一个形象差的产品只能使消费者望而生厌。品牌只有通过向社会提供质量上乘、性能优良、造型美观的产品和优质的服务来塑造良好的产品形象，才能得到社会的认可，在竞争中立于不败之地。

(2) 环境形象

环境形象，主要是指品牌的生产环境、销售环境、办公环境和品牌的各种附属设施。品牌厂区环境的整洁和绿化程度、生产和经营场所的规模和装修、生产经营设备的技术水准等，无不反映品牌的经济实力、管理水平和精神风貌，是品牌向社会公众展示自己的重要窗口。

尤其是销售环境的设计、造型、布局、色彩和各种装饰等，更能展示品牌文化和品牌形象的个性，对于强化品牌的知名度和信赖度、提高营销效率有更直接的影响。

(3) 业绩形象

业绩形象，是指品牌的经营规模和赢利水平，主要由产品销售额（业务额）、资金利润率和资产收益率等组成。它反映了品牌经营能力的强弱和赢利水平的高低，是品牌生产经营状况的直接表现，也是品牌追求良好品牌形象的根本所在。

一般来说，良好的品牌形象，尤其是良好的产品形象，总会为品牌带来良好的业绩形象。而良好的业绩形象总会增强投资者和消费者对品牌和其产品的信心。

(4) 社会形象

社会形象，是指品牌通过非营利的以及带有公共关系性质的社会行为塑造良好的品牌形象，以博取社会的认同和好感。营造良好的社会形象的举措包括奉公守法，诚实经营，维护消费者合法权益；保护环境，促进生态平衡；关心所在社区的繁荣与发展，做出自己的贡献；关注社会公益事业，促进社会精神文明建设。

(5) 员工形象

员工形象是指品牌员工的整体形象，它包括管理者形象和员工形象。

管理者形象是指品牌管理者集体尤其是品牌企业家的知识、能力、魄力、品质、风格和经营业绩给本品牌员工、品牌同行和社会公众留下的印象。

员工形象是指品牌全体员工的服务态度、职业道德、行为规范、精神风貌、文化水准、作业技能、内在素养和装束仪表等给外界的整体形象。品牌是员工的集合体，因此，员工的言行必将影响到品牌的形象。

管理者形象好，可以增强品牌的向心力和社会公众对品牌的信任度；员工形象好，可以增强品牌的凝聚力和竞争力，为品牌的长期稳定发展打下牢固的基础。因此，很多品牌在塑造良好形象的过程中都十分重视员工形象。

2. 品牌形象的打造方式

如何来打造品牌形象呢？可以采用以下几种方法：

(1) 以质量取胜

品牌产品（服务）的质量，是满足人们需要的效能，是品牌的核心。为了锻造品牌、创造名牌，首先，在设计时就要有高标准，要深入了解市场需求；其次，在品牌成长的道路上，要不断创新，维持质量；最后，要用科技完善服务，促进质量飞跃，实现品牌的进一步提升。

品牌锻造 90% 靠自己的努力，10% 靠的是质量。老品牌几乎都是以质取胜的，赢得了消费者的良好口碑，经过人际传播才声名远扬；新创的品牌要想长久而立，成为真正的名牌，也要以质量为基础。好的品牌，离不开消费者的检验，更离不开优质上乘的质地。

(2) 以服务取胜

市场竞争日益激烈的今天，服务已经成为企业竞争的又一核心，也成为整个品牌策略的一个重要战略，成为市场竞争的焦点。服务是品牌战略的一个重要部分，良好的服务意识可以为企业赢得更多的客户，赢得良好的口碑，从而提升企业的市场竞争力。

今天，很多企业之间的竞争，已经不仅仅停留在产品层面了，企业的服务也占据越来越重要的地位，因此，要塑造一个良好的品牌，服务也是非常重要的。

（3）以广告取胜

这里说的以广告取胜，不仅是指谁花费的广告费用多，还包括采用的广告方式，最终还要看广告取得的成效。

如果企业的资金比较充足，可以选择电视广告或平面广告等花费较多、见效较快的广告模式。这种广告模式对于资金比较短缺、缺乏打造品牌经验的中小企业显然不太适合。

中小企业更加青睐成本低、见效快且操作起来比较方便的网络广告——网络推广。网络推广模式也有多种：百度竞价，这种方式见效快，可是费用比较高；在网络上发布信息或是以网站为核心的推广，发布信息主要是在商贸平台、企业博客发布信息或是以群发邮件的形式进行……要实现这些推广虽然费用比较低，可是需要较多的人力和较长的时间来操作。

3. 塑造企业品牌形象的注意事项

塑造企业品牌形象的时候要注意以下几个方面：

（1）加强品牌管理的建设

领导者要认真负责建立品牌的问题。企业品牌形象是企业的无形资产，树立了良好的企业品牌形象会提高企业产品的销售量。要把品牌形象和企业经营理念结合起来，或者说把企业的生产理念和经营理念反映在品牌形象上。同时，要加强员工的品牌意识，只有企业员工充分理解并把品牌形象展示在产品上，消费者才可能会很好地接受品牌信息。

（2）保证产品（服务）的质量

保证产品的质量是吸引消费者最可靠的手段。消费者希望接受了企业品牌形象过后能够得到最优质的产品，不希望形象只是“糖衣炮弹”。没有任何的实质内容是很难留住消费者的，只有可靠的产品质量和上乘的服务才是树立企业品牌形象的关键。

（3）重视品牌的定位和设计

什么样的品牌定位才能够吸引客户群？只有把自己品牌的定位做好，才能更加吸引消费者。品牌定位能够使品牌在社会公众心目中占有一个独特的、有价值的位置，品牌定位过高、定位过低、定位模糊、定位冲突都会影响品牌形象。

传统的品牌推广方式已经不合时宜

品牌推广是品牌树立、维护过程中的重要环节，即使品牌创意再好，没有强有力的推广执行作支撑，也是不能成为强势品牌的。可是，在今天的新经济环境下，固守传统的品牌推广方式就不行了，要学会创新！

2011 年 5 月初，红木龙头企业连天红（福建）家具有限公司，在全国范围开展了一个“终身无理由退货”活动，这是一种品牌的优质服务，也是一种创新的品牌推广方式。

“终身无理由退货”的主要内容为：凡是在连天红购买的工艺品和家具产品，都可以纳入“终身无理由退货”的范畴，只要是没有遭受损坏或污染、不影响二次销售的工艺品或家具产品，都可以按照退货当日售价终身无理由退款；家具产品可以在全国各地的连天红直营销售网点按退货当日售价的 92% 终身无理由退款；涨价按涨价退，跌价按跌价退。

2010 年 11 月 30 日，侯小姐在连天红花费 2 万多元购买了 YF110 鱼水纹紫属花梨 6 件套和 YW18A 劈料坐墩 1 件。但在交货后，侯小姐却发现放在家中茶室尺寸过大，一直很发愁。当侯小姐得知连天红推出了“终身无理由退货”后，觉得很不可思议，于是在 2011 年 5 月 20 日打电话跟店里进行了详细咨询。

第二天，连天红便安排维修师傅到客户家里验收。经过仔细验货，确认可以退货，退货后总计金额 4 万多元。也就是说半年时间，侯小姐净赚了 2 万多元，而且侯小姐只是退了当初买的产品的一部分。

如此诱人的“利益”，使更多消费者对连天红加以关注。采用“终身无理由退货”，消费者会买得更放心，不用担心有问题或不喜欢了，无法处理。这种做法让消费者感觉比较有安全感，比较有保障，可以更放心地购买和使用。按照连天红现在的退货规定，不但没损失，说不定还可以赚一笔。

品牌并没有一个确定的标准，在企业广泛宣传的基础上，消费者使用产品，大众认可企业，久而久之便会形成品牌。有计划性、有目的性、生动化、人性（服务）化的宣传，对于提高品牌的知名度十分有效。连天红“终身无理由退货”彻底贯彻执行了上述几点要求，赢得了消费者的高度关注，传播了品牌文化，促进实际消费。

在“终身无理由退货”的东风下，消费者无疑是最大的受益者。这种立足于服务顾客的活动，退货手续简单，变现速度快捷，让广大消费者更愿意一试。在这种花钱等于赚钱的消费模式下，品牌的宣传效果也就不言而喻。

有些企业以为只要猛打广告，就能快速创建品牌。于是乎千篇一律、毫无新意的广告铺天盖地地出现在消费者面前，看似热闹非凡，却不知有多少能真正烙在消费者心里！千篇一律的广告极易陷入无休止的广告轰炸怪圈，只会浪费大量的广告资源，却难以出现立竿见影的奇迹。这是一种赌徒心态，是很难成就大业的，要学会创新。

1. 质量——奠基石

高质量是品牌的坚实基础！甚至有企业家认为，质量是品牌的生命。只有不断推出高质量的新产品，才能在市场竞争中树立起长盛不衰的品牌，这是世界著名企业的成功经验。没有质量这一基础，品牌则无从谈起。

海尔之所以成为长盛不衰的品牌，主要在于消费者肯定其产品质量。海尔集团创造了一套自成体系的管理方法——日清日高管理法，如今这一管理方法已经成为该企业以质量取胜的重要保证。

事实证明，依靠质量才能占领市场，才能取得效益，才能取得企业整体素质的提高，促成良性循环。因此，实施品牌策略，必须建立完善的质量管理和质量保证体系，牢牢坚持“质量第一，以质取胜”的经营管理思想，多出精品，多生产附加价值高的品牌产品，通过抓品牌生产，实现从粗放经营到集约经营的转变。

2. 服务——催化剂

实施品牌策略必须要有一个整体产品的概念，即产品应包括核心功能、形式功能和延伸功能三个层次。比如，满足人们收看电视节目的需求是电视机的核心功能，而不同品牌、不同品质等是电视机的形式功能，销售的服务工作是电视机的延伸功能。延伸层包括售前、售中和售后服务，具体有保修、指导、送货、安装、调试、结算方式等。

一个良好的服务体系之所以能加快品牌的形成，就在于优质服务不仅能保证优质产品的正确使用，使其质量优势充分体现出来，更重要的是在服务过程中企业员工通过与顾客的直接接触，架设起情感的桥梁，建立良好关系，进而提高顾客的忠诚度，得以更好地维系顾客。

品牌是由自己庞大的顾客群托起的，而优质服务正是形成这一顾客群的催化剂。

小鸭集团深谙此道，他们把广阔的销售市场看作是生产线的延伸，把为用户服务看作是质量管理的延伸，在狠抓科技进步和质量管理的同时，狠抓服务质量，在服务领域全方位与国际社会接轨。1995 年小鸭集团就向社会推出了“超值服务工程”，为消费者提供“超越常规、超越产品本身的价值、超越用户的心理期待”的全方位的亲情服务，从而赢得了顾客。

3. 法律——护身符

基于品牌的重要性，侵害品牌的事例屡见不鲜，如假冒商标、仿制商标用于劣质同种产品，抢先注册商标等。如今，假冒伪劣产品已经发展到了无处不在、无时不有的地步。从微观的角度来说，假冒品牌伤害的是某一个品牌、某一个产品；从宏观的角度来看，伤害的是整个社会的利益，广大消费者的合法权益受到了侵害。更为严重的是，它对整个社会生产力的发展产生了巨大的消极和破坏作用。因此，企业必须运用法律武器来保护品牌。具体来说，有以下几种保护品牌的手段：

（1）多方位注册，预防他人侵权

比如，红豆集团在 35 类产品商标和 8 类服务商标上进行了防御性注册。

（2）技术保护

企业要运用《专利法》等法律条文保护自己。能够申请专利技术的一定要申请，如此才能享有产品的制造权、销售权、使用权和转让权等。

（3）打假

运用法律武器，积极开展打假活动，既可以保护企业产品，保护消费者利益，又可以强化品牌形象，还可以获得很大的新闻价值。

4. 交易推广

在品牌推广活动中，用于交易的资金要多于用于消费者的奖金。品牌经营者在交易中耗资是为了实现以下目标：

首先，交易推广可以说服零售商和批发商经营该品牌。由于货架位置很难取得，品牌经营者只有经常依靠提供减价商品、折扣商品、退货保证或免费商品来获得货架。一旦上了货架，就要保住这个位置，这样才有利于提高品牌知名度。

其次，交易推广可以刺激零售商积极地通过宣传商品特色、展示和降价来推广品牌。品牌经营者可以要求在超级市场的人行道旁展示商品，或改进货架的装饰，或张贴减价优惠告示等。此外，还可以根据零售商完成任务的情况向他们提供折扣。

由于零售商的权力越来越大，品牌经营者在交易推广上的花费有上升的趋势。任何一个竞争品牌如果单方面中止交易折扣，中间商就不会帮助他推销产品。在一些西方国家里，零售商已经成为主要的广告宣传者，他们主要使用来自品牌经营者的推广补贴。

无目的地宣传是最大的资源浪费

品牌，不能为宣传而宣传，要有一定的计划性和目的性。

面对竞争日益激烈的现代市场，企业的发展越来越趋向于品牌化、国际化。而企业间的竞争归根结底就是品牌的竞争。因此，品牌建设成为了企业经营策略的重中之重，而品牌推广则是品牌建设的基础核心，那么企业如何进行品牌宣传推广呢?

1. 信息宣传

信息宣传即通过社会各种媒体，向社会各界扩散有关信息，以达到宣传的目的。这些信息都能激发购买心理，达到企业品牌宣传的目的。

2. 新闻宣传

通过新闻报道介绍企业品牌和其产品，不仅能起到宣传品牌的作用，还可以为企业节省广告费用，这是值得重视的宣传消费的有效途径。为达到此目的，企业应当与新闻单位建立起良好的公共关系。

3. 服务宣传

优良的服务是宣传消费者购买的重要手段。消费者购买企业品牌商品一般是为了获得商品的使用价值，取得物质上的满足。

4. 定位宣传

定位宣传就是选中目标市场给产品定位，并通过广告说明某产品适宜哪些对象使用。

通常来说，企业在将某些商品投入市场之前，就应通过各种广告形式介绍商品定位，以吸引消费者购买，从而使企业品牌得到宣传。

5. 示形宣传

示形宣传的形式可以是展览会、电视录像、示范表演等。示形宣传的关键是要让人信服。

6. 价格宣传

定价政策与消费者心理有密切关系，有些消费者具有求廉心理，则低价策略往往能达到宣传消费的目的。

让有需要的人看到你的广告

在今天繁华的都市群落中，广告已经变得不稀奇了。从早上起床的那一刻开始，到出门打车，走进办公室，打开电脑，一直到下班回家，每时每刻，我们都会接触到形形色色的广告。可是又有多少广告能够让我们过目不忘，甚至在心中留下深刻的印象呢？

传统的广告在一代代的洗礼中，已经每况愈下。数字时代的到来更是引发了多种形式的竞争模式，以至于从前稳坐老大地位的电视广告，也因新媒体的冲击及户外媒体的大幅崛起而严重受挫。

可是，当我们被“中国好声音”此起彼伏的巨额招标新闻充斥眼球时，不得不感叹，电视这一传统媒体也在坚持不懈地寻找着拓展之路。互联网时代，想要宣传自己的商品，方式有很多种，由此应运而生的营销方式也是千千万万，如广告联盟推出的各类型搜索广告、互动营销、口碑营销等非传统广告，这些非传统广告目前来说各大厂商使用较少，因为其成本估算还不稳定，也不倡导用户大量投入，但可以前期试水，微量投放。

由此可见，传统广告是大多数商家的首选，那么传统广告又分为哪些呢？目前，国内流行并且在大量投放的有 6 类，分别是弹窗广告、点击广告、富媒体广告、CPA 广告、视频广告、网摘广告。

1. 弹窗广告

所谓弹窗广告，就是当访客浏览网站时，弹出新的窗口或者网页，也称“跳窗广告”，一般在页面下载完成后自动弹出。

2. 点击广告

点击广告有两类：文字点击和图片点击。文字点击是以简短的一段文字或一排文字介绍作为广告链接，用户点击后直接进入广告主的网站；图片点击则是以 GIF、JPG、SWF 等格式建立的图像文件，展示在网站首页、频道、子频道等各级页面或文本页面上，有利于多方位展示广告内容，锁定更多目标用户。

3. 富媒体广告

富媒体广告是通过漂浮的方式浮动在网页最上层，内容用动画展示，它能起到更加形象生动地传达产品信息的效果，视觉冲击力强，容易吸引眼球。

4. CPA 广告

CPA 广告亦称注册广告，大多用于游戏广告。它以图片、文字、视频、动画等内容作为广告素材，形式丰富多样，可以展示在网页的任何位置。

5. 视频广告

视频广告是以数字视频为主要表现形式的新媒体广告业务，这里主要指互联网视频广告。目前这类广告大部分还处于试运营阶段。

6. 网摘广告

网摘广告是以文字和图片组合而成，展示在网站首页、频道、子频道等各级页面或文本页面上。

不是企业在说，而是需要客户去说

现代营销人士认为，口碑是当今世界最廉价的信息传播工具，有着极高的可信度。口碑传播是市场中最强大的控制力之一，在影响消费者态度和行为中发挥着重要的作用，口碑被誉为“零号媒介”。

2012年4月，加多宝“红动伦敦，精彩之吉”活动在广州拉开了序幕，加多宝“红动伦敦之星”评选同期启动。之后“红动伦敦，畅饮加多宝”系列活动就以“城市接力”的形式，在全国十大城市依次展开主题活动。

无论是社会名流、奥运冠军，还是普通百姓，都可以将自己对于奥运的祝福写在上面，并将寄语带到伦敦。在伦敦奥运会开幕前的7月8日，当一面庄严壮丽的红动大旗在两个巨型加多宝红罐造型的热气球牵动下在鸟巢上空冉冉升起的时候，全场人群欢呼雀跃。在红旗的辉映下，现场的每一位中国人都突然感觉到，自己和伦敦奥运会的距离其实是如此之近。

伦敦时间7月22日上午，由国家体育总局体育文化发展中心和加多宝集团联合发起的“红动伦敦，畅饮加多宝”在伦敦新地标——伦敦眼举行了一次别开生面的为伦敦奥运会祝福的活动。本次活动是更名后的加多宝品牌首次在海外惊艳亮相，展现了加多宝集团的雄厚实力和在全球范围内推广凉茶文化的坚定信心。

加多宝的这次体育营销正是借势伦敦奥运会，不断激发中国人的爱国热情，也拉近了普通民众和伦敦奥运会的距离，让群众获得参与感，使国民的爱国情感得到抒发，从而树立起加多宝的正面红色形象，也符合产品定位，使得消费者将加多宝和正能量联系起来，不断扩大口碑宣传。

口碑是指给予消费者讨论品牌和产品的机会，在赢得消费者正面评价，使其产生推荐行为的同时，有助于产品在消费者购物决策过程中脱颖而出。口碑营销的特点就是以小博大，在操作时要善于利用各种强大的势能来为己所用。因此，企业应该要在不同的接触点和消费者对话，让消费者了解产品和品牌进而主动帮你营销。

1. 口碑营销的实现步骤

（1）第一步：鼓动

赶潮流者一般都是产品的主流消费人群，他们是最先体验产品的可靠性、优越性的受众，会第一时间向周围朋友圈传播产品的质地、原料和功效，或者把使用产品的感受告诉身边的人，引发别人跟着关注某个新产品。

（2）第二步：价值

如果传递信息的人没有诚意，口碑营销就是无效的，也就失去了口碑传播的意义。任何一家希望通过口碑传播来实现品牌提升的公司必须设法精心修饰产品，提高健全、高效的服务价值理念，以便达到口碑营销的最佳效果。

当消费者刚开始接触一个新产品时，他首先会问自己："这个产品值得我广而告之吗?"有价值才是产品在市场上站稳脚跟的通行证。消费者所"口碑"的必须是值得自己信赖的有价值的东西。当某个产品信息或使用体验很容易为人所津津乐道，产品能自然地成为人们茶余饭后的谈资时，也易于口碑的形成。

（3）第三步：回报

当消费者通过媒介、口碑获取产品信息并产生购买行为时，他们希望得到相应的回报，如果企业提供的产品（服务）让受众的确感到物超所值，就会顺利、短期地将产品（服务）理念推广到市场，实现低成本获利的目的。

2. 掌握技巧

口碑广告制造爆炸性需求，绝不是意外和巧合，而是有几个规律可循的。

（1）广告朗朗上口

并非所有的商品都适合做口碑营销，口碑营销在不同商品中所发挥的作用也不尽相同。为了更有效地利用口碑，一切营销活动都应该针对那些更愿意传播这类产品的群体，在这些群体中首先传播这些群体最关注的信息。要遵循两条标准：一是产品要有某种独特性，如外观、功能、用途、价格等；二是产品要有适合做口碑广告的潜力，将广告变得朗朗上口。

（2）重视顾客体验

在戴尔公司总部每间办公室的留言板上都写着一句口号——“顾客体验，把握它”。顾客体验是顾客跟企业产品、人员和流程互动的总和，也就是让顾客置身于生产制造的全过程。

体验式消费所带来的感受是深刻难忘的，因此越来越多的产品选择了体验式消费，运用这种古老而又神奇的营销方式引导企业在营销中走得更稳更远。

（3）积极品牌推荐

让优秀的品牌推荐一些尚未建立良好美誉度的品牌，会收到意想不到的效果。对于一个新产品来说，知名品牌的推荐，无疑会帮助消除消费者心头的疑虑。可以设想，如果某一品牌的汽车发动机，被奔驰、丰田、宝马等品牌联合推荐，说：“我们的汽车使用的发动机就是××品牌。”相信，全世界的用户都会放心大胆地使用，这一品牌的发动机也会供不应求。

（4）传播故事

故事是传播声誉的有效工具，因为它们的传播带着情感。跨进21世纪之后，意大利皮鞋“法雷诺”悄然登陆中国市场。可是，为国内中高档消费群体所钟情的，不只是“法雷诺”皮鞋的款式新颖、做工精细、用材考究，还因为“法雷诺”有着一个充满传奇色彩的神话故事。

公元1189年，神圣罗马帝国皇帝腓特烈一世和英法两国国王率领第三次“十字军”出征，前往耶路撒冷。走到阿尔卑斯山附近时，天气突变，风雪大作，“十字军”脚冻得寸步难行。情急之下，罗马骑士法雷诺让其他人把随身的皮革裹在脚上，继续前进。

14—15世纪，为纪念法雷诺将军的这段趣事，一家有名的皮鞋制造商便将自己生产的最高档皮鞋命名为“法雷诺”。“法雷诺”的美名由此流传开来。

（5）注意细节

影响消费者口碑的，有时不是产品的主体，而是一些不太引人注目的“零部件”等，如西服的纽扣、家电的按钮、维修服务的一句话等。这些“微不足道”的错误，却能够引起消费者的反感。

在纽约梅瑞公司的购物大厅，设有一个很大的咨询台。这个咨询台的主要职能是为来公司没购到物的顾客服务的。如果哪位顾客到梅瑞公司没有买到自己想要买的商品，咨询台的服务员就会指引他去另一家有这种商品的商店购买。

梅瑞公司的做法，本微不足道，但这一看得见、摸得着的“细节”，却被人们津津乐道，对它的记忆也极为深刻，不仅赢得了竞争对手的信任和敬佩，还使顾客对梅瑞公司产生了亲近感，慕名而来的顾客不断增多，梅瑞公司因此而生意兴隆。

（6）服务周到

有一个来自海尔的故事：

福州的一位用户给青岛总部打电话，希望海尔能在半个月内派人来修好他家的冰箱。不料第二天维修人员就赶到他家，用户不敢相信，一问方知维修人员是连夜乘飞机赶到的。

用户非常感动，在维修单上写下了这样的话："我要告诉所有的人，我买的是海尔冰箱。"

乘飞机去修冰箱，从单纯的效益角度来看，来回的差旅费与冰箱售价相差无几，有点得不偿失；但从企业形象角度来看，它能为海尔赢得良好的口碑，可为企业引来更多的潜在顾客。

微博、微信、微视频的渗透力

企业充分利用好互联网和移动营销，一方面可以弥补传统营销的成本高、时间地域的限制等，另一方面也会给企业带来意想不到的收获。今天，移动互联网行业正在蓬勃发展，越来越多的传统企业拥抱移动互联网，企业 APP 和微信公众账号在企业移动营销中扮演着越来越重要的角色。

在移动电子商务和移动互联网的强烈抨击下，传统企业不能再故步自封，要努力跟上时代的潮流。传统的品牌推广方式成本昂贵，也不一定能达到预期的效益，品牌营销工作的重点应放在网络宣传推广和电子商务方面。

1. 利用微博树立品牌形象

随着微博的发展，针对微博营销的工具和软件也越来越多，但这些并不能够帮助企业顺利开展营销活动。企业要有效经营微博，必须建立起系统、科学、符合自身的内容策略。没有内容、有内容却不会表达、不知网民关注什么等，都是困扰企业经营微博的重要问题。忽略掉系统、科学的内容策略，想有效经营企业微博是完全不现实的。

粉丝与企业之间的关系，不是单次接触，而是一种契约。粉丝愿意关注你就代表着对你发布的内容抱有期待，觉得你的内容能对自己有价值。原创性、有趣性、有用性，企业微博内容策略中必须至少具备其中之一，才会让粉丝愿意持续关注你、认可你，并与你保持着良好的互动关系。

当你不断发布真正对粉丝有价值的内容，自然而然地就会在用户心中建立起企业微博的形象，就能与粉丝进一步实现有效的沟通，辨认出真正对企业有价值的粉丝，与其维持关系，树立品牌形象。

如何有效经营企业微博呢？可以采用以下两种方法：

（1）内容为主

首先，企业微博需要专人维护，传播的内容要有价值，对粉丝有吸引力。

其次，在维护中，并不是更新得越频繁越好。因为粉丝的注意力是有限的，如果要准确地传达内容，可以掌握三个时间段来进行更新：中午 11 点至下午 1 点、下午 4 点至 5 点，晚间 7 点至 9 点。因为，这三个时间段的粉丝最为活跃。

最后，传播的内容要生活化，不要出现生硬的产品信息。

值得一提的是，微博的内容要有原创性，原创内容需要一定的功力，一方面要了解企业和品牌自身，了解自身产品和竞争产品，了解目标消费群，了解微博和粉丝，另一方面要积累一定的知识技巧……如此，才能编纂出高质量的微博内容。

很多企业在经营微博时喜欢转载，在企业功力不足之时采用这种方法也是不错的！可是，转载的时候，要选择那些能代表自己意见的内容，同时还要加上自己的评论内容。

（2）表达要加强

表达指的是：什么时候、什么地点、用什么方式、对谁说、说什么。因此，作为企业微博，首先要确保内容的真实性。因为只有真实的内容才能让粉丝觉得你值得信赖，才能树立起企业的品牌形象。企业微博不能发布或者传播任何未经证实的流言。

其次，企业微博维护人员要注意身份。微博和企业领导者的发言方式一定是不同的，其代表着企业的公众形象，具有亲民的特点。

最后，粉丝的问题。要寻找适合传播信息的群体，不要漫天盖地地添加关注。如果方向偏了，实际效果也会大打折扣。

2. 利用微信树立品牌形象

随着移动电子商务平台的普及，越来越多的传统企业开始意识到互联网和移动终端带给企业拓宽业务渠道的重要性，微信开放平台催生了一个由微信平台、开发者、用户构建的生态圈：微信提供接口和数据给开发者，调动开发者的想象力和激情；开发者借助这些接口和数据优势，推广优质应用；用户积极尝试新产品，催生更好、更多的应用。

企业该如何利用微信来树立品牌形象呢？

（1）根据企业自身特点做微信服务

企业公众平台所处的位置是比较被动的，变被动为主动是从事微信平台的企业所要考虑的问题。微信需要突出的是品牌的深度，要重视企业对服务、产品的认识。

一个好的创意主题应该既可以满足用户服务需求，同时可以加深品牌渗入，以自身特点做针对服务。因此，企业做好微信服务，不仅要了解用户习惯，有针对性地进行策划；还要在视觉和语言文字方面达到用户的需求，建立良好的沟通方式和平台；更要站在客户的角度上进行主题设计和活动推广，注重用户和宣传内容的相关性。

（2）注重用户体验，加深线上互动

事实证明，一个好的创意不仅可以吸引更高的关注度，还能造就更高的访问率。在沟通中，互动性拥有巨大的拓展空间，优秀的用户体验和创意效果可以驱动个体用户之间的信息传递，既可以实现变被动为主动，还可以有效扩散企业的品牌形象。因此，在微信维护和创意设计上，要多思考互动性，争取给客户留下深刻印象。

星巴克和杜蕾斯之所以能够取得微信营销的成功，主要就在于做到了以下几点：站在关注用户的方面考虑需求，用心拉近了品牌和用户之间的关系；提供个性化的互动形式，增强了品牌微信的用户体验；及时地回复用户信息，更精准地代表了用户的关注方向，有利于做到针对性撒网！

（3）加深品牌亲和力

微信推广是向用户推荐产品（服务），但沟通是了解用户的基本方式，一款贴心的微信平台很可能成为用户展示情感和习惯的地方，微客服的加入更使得企业和用户、用户和用户之间的沟通变得畅通无阻。

如果你做的是订阅号，需要考虑的是如何让自己的文章或消息被别人轻松、自主地吸收。因此，在企业公众微信平台中，可以添加一些生活服务功能；在每日推送的信息中，可以适当地添加一些轻松关怀的消息，将自身情感融入其中。

3. 利用微视频树立品牌

微视频又称微电影，大多是在新媒体平台上播放的，适合在移动状态和短时休闲状态下观看，具有完整的策划和系统制作体系支持。微电影的特征有三个：微时长、微制作、微投资。微电影针对新媒体用户的零散时间，时长一般为几十秒到十几分钟，拍摄周期只需要数天，大多数作品投资仅几万元。

对于企业来说，微电影是一种新的媒体网络化的营销手段，并逐渐成为一种新的营销载体，既有艺术性，又具有一定的商业宣传效果。微电影依靠情节制胜，将企业文化、企业产品、企业品牌信息巧妙地融入电影情节当中。相比普通电影的广告植入，微电影更加灵活，可以轻松地调动起观众的互动性，使观众在不知不觉中接受企业品牌。

2011 年年末，土豆网和三星联手推出微电影《你好吗，我很好》，打造了一个“黑白配”的温情故事。在这一故事中，所有的巧合都是围绕两款黑白手机发生的。网络上映 24 小时内，就在微博上被转发数 10 万次，视频点击超过 700 万次。

左手传统，右手时尚

欧莱雅是中国家喻户晓的外资化妆品品牌，2011 年在中国的销售额高达 107 亿元，是全球知名度最高的大众化妆品品牌之一。在众多进入中国的外资化妆品品牌之中，欧莱雅凭借其高端、中端、低端的品牌金字塔锁定各个阶层的消费群体，并在宣传推广方面将传统电视广告与新媒体相结合，使品牌傲视群雄，成为中国消费者最熟悉的外资化妆品品牌。

其实，欧莱雅不是一个品牌在中国作战，而是一个品牌集团在与对手竞争。在与竞争品牌的角逐中，欧莱雅的群狼战术令不少赫赫有名的品牌备感吃力。

电视广告在提高欧莱雅品牌知名度上立下了汗马功劳。针对品牌系列产品诉求不同，欧莱雅实施了具有个性化的明星广告代言策略，每一个特质鲜明的电视广告都给中国消费者留下了深刻印象。

在新媒体日益盛行的环境下，欧莱雅将网络、微博等应用到日常推广中。通过网络强大的传播效率，欧莱雅品牌在搜索平台的搜索量疯狂增长，使得其新推出的产品很快被消费者记住。

网络技术的发展，使网络媒体与传统媒体的联合成为可能，当新旧媒体未形成根本的利益冲突，并且需要互相利用对方的优点时，这种优势互补整合的可能性便变成了现实。

其实，网络媒体的出现只是拓展了传统媒体未曾拓展的领域，如同电视的出现促进了大众文化的繁荣一样。网络媒体具有全球性、传输速度快、自由度高等特点，而传统媒体则存在着版面或时间资源有限、地域约束等劣势。因此，传统媒体也应与网络等新媒体融合，借助新媒体的手段达到扩大宣传、服务客户、挖掘潜力的效果。

1. 提高报业网站的影响力

经过电子版、增加专业频道、打造读者服务平台等几个发展阶段，报业网站已经成为传统媒体有效的延伸平台。但由于起步晚，改制不彻底，机制不够灵活，力量配置不够强大，经营问题一直都是制约报业网站发展壮大的主要瓶颈。

今天，随着众多报业集团向多元化配送服务集团的发展，报业网站又找到了新的发展方向。学习西方一些媒体网站，国内一些媒体网站也开始为受众提供全方位的信息和物流服务。比如，大河报网站过去是以新闻为主导内容的，而目前已完成了向“读者服务”和“物流配送”的转变，为各界人士提供全方位的信息和物流配送服务。

通过功能延伸和拓展，相信传统媒体网站必将可以借助综合服务网站，进一步挖掘自身原有的优势，吸引更多的客户，提供更多的优质服务，挖掘更多的消费潜力，从而取得新的飞跃。

2. 让广播重新回到群众中

随着手机的普及，过去体积较大的收音机已经被智能手机所取代，手机上网下载歌曲往往要收费，而广播拥有大量的音乐资源，且提供免费的新闻和歌曲自选，不但可以克服传统广播稍纵即逝的特点，还可以跨越时空限制，扩大传播范围，加强广播媒体传播效果。

对于传统广播来说，网络广播是一种“适时广播”，在数字化条件下，可以做到“你选我播”，受众可以利用网络强大的搜索引擎找到自己喜欢收听的广播节目、音乐等。大量的数字资源，将大大开拓广播的业务发展空间，从而将自身所掌握的信息资源的价值发挥到极致。

3. 发展互动电视

互动电视是通过卫星、有线网、ADSL 等宽带介质传送的具有信息交互功能的新型电视，具有宽带上网、大屏幕显示和数码电视三位一体的功能，可以通过宽带或电话线实现电视上网，也可以采用图像叠加技术，在不中断电视节目的同时提供图文信息服务，其简单、快捷、高清晰、互动等特点，使它明显优于传统电视。

尼葛洛庞帝在《数字化生存》一书中向我们生动而形象地解释互动电视：“6 点钟晚间新闻不仅能在你需要的时候传送给你，而且能专门为你编辑，并且让你随意获取。如果你想晚上 8 点 17 分收看汉弗莱·鲍嘉的老电影，电话公司通过双绞线，就可以提供你想要的节目。”互动电视的随意性、互动性、多媒体性打破了传统电视“点对面”的新闻宣传方式，实现了点对点的非线性新闻宣传。

你与众不同，就预示着你即将获得成功

当两人或两人以上在谈论另外一个人的时候，大部分人一般都会先从其个性讲起，是开朗活泼、热情健谈，还是成熟稳重。人的一切想法、行为都是由性格来驱使的。个性好的人更容易接受他人，也更容易被他人所接受，他的周围不乏很多朋友的存在。品牌也是如此。“个性好”的品牌才能被消费者所喜欢、接纳，从而可以在众多的品牌竞争中生存下去。

品牌可以延伸出很多东西，包括企业标识、企业口号、企业形象、产

品功能、产品类型、产品品质等。而品牌个性正是由这些因素一一汇总而成的，可以从这些因素中看出它是张扬的、热情的、积极的，还是内敛的、含蓄的、保守的。

对于品牌，消费者最初接触认识到的品牌形象概念是名称、标识、色彩等视觉效果上的事物。当和品牌慢慢开始熟悉起来后，品牌的个性也就体现出来了，不仅会让接触的消费者倍感人性化；同时，又能吸引一部分“臭味相投”的粉丝，一个品牌的强大是需要强大的粉丝团作基础的。

要想打造自己品牌的个性，就要建立起一种象征，唤起消费者的购物欲望，取得消费者的共鸣，使其获得认同感。根据这一点成功的例子数不胜数：美特斯邦威的目标人群是18～25岁的年轻人，这一群体已经具备独立的思想，有积极乐观的生活主张和态度，渴望追求超越自我，展现自己，证明自己。因此，被美特斯邦威“不走寻常路”“每个人都有自己的舞台”的独特品牌个性所吸引，加上其品牌代言人是周杰伦，使得其能在品牌林立的休闲服饰中脱颖而出。

品牌的个性在市场竞争中占有一定的地位。沃尔玛的创始人山姆·沃尔顿曾经推出过一款名为“山姆的选择”的可乐，其口味与可口可乐、百事可乐差不多，价格却比可口可乐和百事可乐低，在渠道上又有分布全球几千家的沃尔玛连锁店，可是最终销路却远远不如可口可乐和百事可乐。为什么？因为可口可乐有主张享受快乐的品牌个性，百事可乐有新一代新选择的品牌个性，而“山姆的选择”却没有自己的品牌个性，它只是一款单纯的可乐，最终退出了可乐市场。

如广告大师奥格威所说，“最终决定品牌的市场地位的是品牌本身的性格，而不是产品间微不足道的差异”，其实，他说的品牌性格就是品牌个性。那么，如何塑造品牌个性呢？具体可从以下十步入手。

1. 第一步：谙熟品牌个性特征

品牌个性是品牌的人性化表现，具有品牌人格化的独特性，如果一个品牌没有人性化的含义与象征，那么这个品牌就会失去个性。因此，品牌的个性特征是由其人性化的个性特征所决定的，熟悉这些特征，才有利于品牌个性的塑造。

品牌个性的特征是多方面的，主要有以下四个：

（1）内在的稳定性

一般来说，品牌个性都需要保持一定的稳定性。稳定的品牌个性是品牌持久地占据顾客的心的关键，也是品牌形象与消费者体验相结合的共鸣点。如果品牌没有内在的稳定性，没有相应的行为特征，那么消费者就无法辨别品牌的个性，自然也就谈不上与消费者的个性相吻合，消费者也不会主动地选择这样的品牌，最终品牌将失去魅力。

中国牛奶品牌蒙牛虽然有很高的知名度，可是在品牌个性的塑造方面，就有点令人感到遗憾，为什么呢？从它所有的品牌传播活动中可以看出，它只是“为求名而造名”，没有表现更多的品牌个性。

从“大草原”概念，到“神五”事件，再到赞助“超级女声”，品牌诉求也从“自然环保”到“爱国精神”再到“健康概念”，而它的品牌个性是什么呢？总是飘忽不定，时而大气稳重，时而和蔼可亲，由于没有品牌内在的稳定性，品牌个性也就不鲜明。

当前，蒙牛销售业绩是一种短期繁荣的假象，它的成功主要缘于市场的先占优势和广告的拉动，而不是真正的品牌内力的驱动。今天，中国乳业市场还不成熟，如果到了市场成熟的时候，问题将会很快暴露出来。

（2）外在的一致性

在品牌时代，品牌可以充分地表现真正的自我，表达人的追求。选择怎样的品牌，如何体现自己的生活方式、兴趣、爱好和希望，是给每个人提供的展示个性的机会。比如，你穿的衣服、开的车、喝的饮料等，都有着强烈的个人取向。如果把你所购买的品牌构成一幅美丽的图案，那么就可以描绘出你是怎样的人，你是如何生活的。

正是品牌个性的这种外在一致性，才使得消费群体在这个多元化的社会里，找到了自我的消费个性。只有在品牌个性与消费者个性相一致的情况下，消费者才会主动购买，否则，就很难打动消费者。

目前的中国汽车消费市场，你会发现许多有趣的现象：商场精英一般不选择奥迪、大学教授一般不选择奔驰、政府官员一般不选择宝马，原因是什么呢？因为这些品牌彰显的个性与消费群体的性格不相符。相反，也正说明了品牌个性与消费群体的个性相一致的重要性——从精神层面上真正打动消费者，促进产品的销售，实现品牌价值。当然，随着环境和观念的变化，人们的消费习惯也会发生变化，品牌个性也要做出相应的调整。

（3）明显的差异性

从根本上来说，品牌个性的目的就是帮助消费者认识品牌、区隔品牌，以致让消费者接纳品牌。因为品牌个性是品牌核心价值的集中表现，最能代表一个品牌与其他品牌的差异。尤其在同类产品中，许多细分品牌虽然定位差异性不大，但只有通过品牌个性才会使之脱颖而出，表现出自己与众不同的感觉，从而实现品牌区隔。

宝洁公司在日化产品的细分品牌上，就有飘柔、海飞丝、潘婷等多个品牌，它们各自都取得非常大的成功，是什么原因呢？因为它们在产品细分功能上，提炼出单一的独特卖点，针对不同消费者的利益需求，塑造出不同的品牌个性，使它具有明显的差异性，实现了细分品牌的区隔，最终达到了多品牌经营的目的。

（4）强烈的排他性

如果品牌个性得到了目标消费者的共鸣和接纳，那么就会表现出强烈的排他性，建立起品牌的“防火墙”，使竞争品牌无法模仿，有利于品牌持续的经营。

许多著名品牌都有自己鲜明的品牌个性，比如，柯达的纯朴、顾家、诚恳，锐步的野性、年轻、活力，微软的积极、进取、自我。

这些品牌个性不但与目标消费者群体的个性相吻合，征服了很多的潜在消费者，而且它们的品牌个性表现出强烈的排他性，使竞争对手无法模仿，难以抗衡。但如果品牌到了垄断市场地位的时候，那么品牌个性的表现就应该收敛一些，否则会引起很多麻烦。

2. 第二步：从品牌核心价值出发

品牌的核心价值是品牌个性的内核，而品牌个性是品牌价值的集中表现，两者是相互统一的。在了解个性特征的情况下，塑造品牌个性必须首先考虑品牌的核心价值是什么，并以它为出发点，不断地塑造和演绎品牌个性；同时，如果想提升品牌价值，也必须有鲜明的品牌个性支持，进一步丰富品牌内涵，更好地经营品牌。在这一方面做得最成功的品牌是可口可乐。

可口可乐的品牌核心价值是“活力、奔放、激情的感觉和精神状态”，而它的目标消费群定位为年轻人，那么，它是如何演绎品牌个性的呢？

首先，它针对年轻人的特点，结合自身品牌核心价值的理念，设计出了一种火红色的包装，给人一种“火热、活力、运动”的感觉。再加上那舞动的飘带、个性化的瓶子，潜移默化地告诉消费者，它是属于年轻人的产品。

其次，可口可乐品牌定位于情感层面，从它的核心价值出发，把年轻人那种“洒脱、奔放、自由、热情、活力、动感”的性格特征，更好地融合在一起。

最后，可口可乐在品牌个性的塑造过程中，无论是广告还是公关等活动，在不同时期、不同主题里，可口可乐始终贯彻着品牌的核心，给人一种“活力、奔放、激情”的感觉，不断地演绎着它那“洒脱、自由、快乐”的品牌个性，保持着一致性，不断地为品牌累积资产。

3. 第三步：考虑品牌定位和消费者期望

品牌定位是品牌个性的基础，而品牌个性是品牌定位的最直接体现，彼此之间最好相互吻合，但两者间又不可以完全相同。

当然，品牌个性并不像标识、包装等那样直观，可以看得见、摸得着，它是一种感觉，而这种感觉也是会变化的。存在于消费者心灵深处的力量强弱，将会直接影响消费者对品牌的直接感受，甚至购买决策。因此，在塑造品牌个性的时候，要考虑目标消费者的未来期望，如此才能实现长时间与消费者的共鸣。

4. 第四步：满足目标消费者的需求

在与消费者的沟通中，品牌个性是沟通的最高层面。品牌个性比品牌形象要更深入一层，形象只能造成认同，而个性可以造成崇拜，因此，塑造品牌个性的首要条件，就是要锁定和满足目标消费者的需求，不断地从内心打动消费者。

著名的洋酒品牌人头马，它的品牌个性给人一种“高贵、高雅和浪漫”的感觉，它瞄准的目标消费者就是高收入阶层，他们的需求就是追求生活质量以及品味人生。人头马的品牌个性正好吻合了他们的需求，通过“人头马一开，好事自然来”的经典广告语的召唤，深深地打动了消费者，一下子打开了市场局面。

5. 第五步：设计出品牌的人格化形象

在人际交往中，与众不同的人一般都比较容易让别人记住，这种气质就是个性。而品牌个性的本质是什么呢？品牌人格化！如果这个品牌是一个人，它应该是什么样的人？它的形象是什么样的？因此，品牌人格化形象尤为重要，它也是品牌个性的外部表现。

那么，如何去设计品牌的人格化形象呢？首先，要结合对品牌目标市场的分析与研究；其次，准确地融合目标消费者的个性；最后，以独具一格、紧扣心弦、容易传播作为参考标准，设计出品牌人格化的形象。只有这样，才能够真正打动目标消费者。比如，麦当劳叔叔就是麦当劳品牌的一个人格化的形象，它不断地演绎着“快乐、任性、自我”的品牌个性，吸引着许多年轻人，通过“我就喜欢”的广告传播，提升了它的品牌价值。

6. 第六步：塑造积极正面的品牌象征

建立品牌个性的重要的一环，就是塑造积极正面的品牌象征，使它能够代表购买产品（服务）的消费者的想法、追求和精神等，让消费者更容易产生共鸣和认同。同时，品牌象征可以是物、人或者其他，不仅可以满足消费者的情感需求，还能够拉近品牌与消费者的距离，增强消费者购买的理由，提升品牌核心竞争力。

比如，在中国，奔驰车就是身份的象征，它那“豪华、舒适”的品牌个性，深受成功人士的喜爱。而宝马的蓝白标志象征着它那“自由、乐趣”的驾驭个性，深深地打动了成功的年轻人。

7. 第七步：深化与消费者的情感关系

品牌个性不仅能够提供一种人类情感方面的诉求和生活体验，还是吸引人类意识的主要原因。如果能够为品牌创造一种个性，满足消费者的情感需求，并且不断地深化与消费者的情感关系，就更容易打动消费者，促进消费者对品牌的忠诚，使品牌更好地发展。

8. 第八步：追求品牌个性简单化

虽然人的个性极其复杂、难以捉摸，但是品牌个性绝不能太复杂，否则消费者就会感到无所适从。在品牌建设中，常常会碰上这样的问题：一个品牌有很多个性特点，往往很难取舍，如果面面俱到地表达那么多的个性特点，很容易把消费者搞糊涂，得不偿失。其实，品牌个性最好简单化，越准确、越简单，也就越有效。

比如，品牌识别元素中的标识，如耐克经典的“一勾”，就传递出“只管去做”的积极个性，简单明了。

只是简单的一句话，就表现出十分自信的个性。凡是成功的强势品牌，它的品牌个性都十分简单！

9. 第九步：进行最直接的整合传播

在信息社会，一个品牌能够展现品牌个性的载体有很多，应该寻找出消费者最易接触的、最直接的、最简单的载体，以品牌文化为准绳，塑造鲜明的个性，进行有的放矢的整合传播；针对不同的地区文化和目标人群，更要不断地调整和演绎品牌个性，打动消费者心弦，最终提升品牌价值。

著名香烟品牌万宝路的人格化形象是通过美国西部牛仔塑造出来的，但牛仔只是一种表现形式与方法，不是万宝路形象的本质，不利于品牌个性的传播，怎么办？为了达到宣传品牌个性的目的，万宝路将其形象与当地人们熟悉的人或事物有机联系起来。

在中国，处处显示出万宝路牛仔形象与中国国情的完美结合，它以冠名的方式赞助了“中国甲A足球联赛”，让中国球迷在心里牵挂了整个赛季，而足球队员那种气质刚好吻合了牛仔“粗犷、野性”的形象。

10. 第十步：加强品牌个性的投资和管理

品牌个性的塑造，需要不断地进行投资，随着消费人群的更新和变化，品牌个性也要做出相应的变化，需要不断地进行维护和管理，使品牌个性深入到消费者的内心，从情感上成为其消费的理由。同时，加强品牌个性的投资也是不断地为品牌做加法的过程，要不断累积丰厚的品牌资产，实现企业的持续性发展。

著名的箱包品牌路易威登，它的目标消费者是成功人士。在品牌的打造过程中，路易威登花了很大的投资，不断地对那“高贵、成功”的品牌个性进行维护和管理；为了通过措施限定使用的人群，带给目标消费者一种独一无二的感受，彰显它“高贵”的个性，甚至还采用了限量生产和预约登记的方法。

第七章

商业模式的营销策略与技巧

营销并不是以精明的方式兜售自己的产品或服务，而是一门真正创造顾客价值的艺术。

——营销大师　菲利普·科特勒

把客户的体验放在首位

体验营销进入我国后，主要应用于家电业、IT（服务）业。一些大企业也在大力倡导和推进体验营销来塑造企业品牌，如海尔、联想、清华同方、四川长虹等。这些国内知名企业在开展体验营销的过程中，取得了一定的成绩。

2006年6月，海尔集团在全国百余个城市、上千家卖场开展了“不用洗衣粉洗衣机”的现场体验活动，用实际的洗涤效果向消费者证明了一种全新理念——“不用洗衣粉”一样可以洗干净衣服。通过体验营销的开展，引领消费者的消费观念，开创了一种全新的洗涤方式。

2009年9月，在推广新品热水器时，海尔还专门为顾客设立了一个“体验中心”。在这个体验中心，不仅展示了热水器，顾客还可以体验到地暖、暖气片、小型壁暖等不同的供暖方式，以及浴缸、淋浴等不同沐浴方式。通过提供客户体验，海尔建立了一种与顾客面对面的交流方式。在使顾客了解到品牌的历史和文化的基础上，不仅让顾客体验到了产品的技术和创新的产品，还满足了顾客的个性化需求。

体验营销突破了传统营销中“理性消费者”的假设，认为消费者在消费时是理性与感性兼具的，消费者在消费前、消费中和消费后的体验才是购买行为与品牌经营的关键。比如，当咖啡被当成“货物”贩卖时，一磅卖300元；当咖啡被包装为商品时，一杯就可以卖25元；当其加入了服务，在咖啡店中贩卖的时候，一杯最少要35～100元；如果能让顾客体验到咖啡的香醇与生活方式，一杯就可以卖到150元甚至好几百元。

星巴克的真正利润所在就是“体验”！

“认真对待每一位顾客，一次只烹调顾客那一杯咖啡。”这是星巴克快速崛起的秘诀。星巴克注重“当下体验”的观念，强调在工作、生活及休闲娱乐中，用心经营“当下”这一次的生活体验。

星巴克一个主要的竞争战略就是在咖啡店中同客户进行交流，特别重视同客户之间的沟通。每一个服务员都要接受一系列培训，如基本销售技巧、咖啡基本知识、咖啡的制作技巧等。星巴克要求每一位服务员都能够预感客户的需求。

星巴克更擅长咖啡之外的“体验”，如气氛管理、个性化的店内设计、暖色灯光、柔和音乐等。就像麦当劳一直倡导售卖欢乐一样，星巴克把美式文化逐步分解成可以体验的东西。

星巴克还极力强调美国式的消费文化，顾客可以随意谈笑，甚至挪动桌椅，随意组合。这也是星巴克营销风格的一部分。

体验营销是指企业通过让目标顾客观摩、聆听、尝试、试用等方式，使其亲身体验企业提供的产品（服务），让顾客实际感知产品（服务）的品质或性能，从而促使顾客认知、喜好并购买的一种营销方式。这种方式以满足消费者的体验需求为目标，以服务产品为平台，以有形产品为载体，生产、经营高质量产品，拉近企业和消费者之间的距离。如何来实施体验营销呢？可以采用以下几种策略：

1. 感官式营销策略

感官式营销是指通过视觉、听觉、触觉与嗅觉建立感官上的体验，创造一种知觉的体验。感官式营销不仅可以区分公司和产品的识别，还可以引发消费者的购买动机和增加产品的附加值等。

宝洁公司的汰渍洗衣粉，其广告突出了“山野清新”的感觉：新型山泉汰渍带给你野外的清爽幽香。公司为创造这种清新的感觉做了大量工作，后来取得了很好的效果。

2. 情感式营销策略

所谓情感式营销，是指在营销过程中，让消费者的内心情感受到触动，创造情感体验。其范围可以是一个温和、柔情的正面心情，如欢乐、自豪；也可以是一种强烈的激动情绪。

在“水晶之恋”果冻广告中，可以看到一位清纯、可爱、脸上写满幸福的女孩，依靠在男朋友的肩膀上，品尝着他送给她的“水晶之恋”果冻，就连旁观者也会感觉到这种“甜蜜爱情”的体验。

3. 思考式营销策略

思考式营销是指通过启发人们的智力，创造性地让消费者获得认识和解决问题的体验。它运用惊奇、计谋和诱惑，引发消费者产生统一或各异的想法。在高科技产品宣传中，思考式营销被广泛使用。

1998 年苹果电脑的 IMAC 计算机上市仅六个星期，就销售了 27.8 万台。IMAC 的成功很大程度上得益于一个思考式营销方案。该方案将“与众不同的思考”的标语，结合许多不同领域的“创意天才”，包括爱因斯坦、甘地和拳王阿里等人的黑白照片。

在各种大型广告路牌、墙体广告和公交车身上，随处可见该方案的平面广告。当这个广告刺激消费者去思考苹果电脑的与众不同时，同时促使他们思考自己的与众不同。

4. 行动式营销策略

行动式营销是指通过偶像、角色，如影视歌星或著名运动明星来激发消费者，使其生活形态予以改变，从而实现产品的销售。在这一方面耐克可谓是经典。

耐克公司成功的主要原因之一是有出色“JUST DO IT”广告，经常地描述运动中的著名篮球运动员迈克尔·乔丹，升华了身体运动的体验。

5. 关联式营销策略

关联式营销是感官、情感、思考、行动营销的综合，特别适用于化妆品、日常用品、私人交通工具等领域。

美国市场上有一款“哈雷牌”摩托车，车主们经常会把它的标志文在自己的胳膊上乃至全身。他们每个周末都会去全国各地参加各种竞赛，可见哈雷品牌的不凡影响力。

互动为王，让每一个消费者成为义务推广者

所谓互动，就是指双方互相动起来。在互动营销中，互动的双方一方是消费者，一方是企业。只有抓住共同利益点，找到巧妙的沟通时机和方法，才能将双方紧密地结合起来。互动营销尤其强调，双方都采取一种共同的行为。

2008年3月24日，可口可乐公司推出了“火炬在线传递”活动。该活动的具体内容是：网民在争取到火炬在线传递的资格后可以获得“火炬大使”的称号，本人的QQ头像处也将出现一枚未点亮的图标。

如果在10分钟内该网民可以成功邀请其他用户参加活动，他的这枚图标将被成功点亮，同时他也将获得“可口可乐火炬在线传递活动”专属QQ皮肤的使用权。而受邀请参加活动的好友就可以继续邀请下一个好友进行火炬在线传递。依次类推。

数据显示：在短短40天之内，该活动就“拉拢”了4000万人参与其中。网民们以成为在线火炬传递手为荣，“病毒式”的链式反应一发不可收拾。

互动营销的实质就是充分考虑消费者的实际需求，切实实现商品的实用性。互动营销能够促进相互学习、相互启发、彼此改进，通过“换位思考”还会带来全新的观察问题的视角。互动营销的模式有以下几种：

1. 会议营销

会议营销也叫数据库营销、服务营销，是指通过寻找特定顾客，利用亲情服务和产品说明会的方式销售产品。其实质是对目标顾客的锁定和开发，对顾客全方位输出企业形象和产品知识，以专家顾问的身份对意向顾客进行关怀和隐藏式销售。它对商家出售产品、消费者了解产品都有很大帮助。

会议营销也叫数据库营销，基本的要素分为三块：会议之前、会议之中、会议之后，具体见下表。

会议营销的三块基本要素

要　素	说　明
会议之前	主要工作是收集消费者名单，通过不同渠道将适合自己产品功效的消费者收集起来。要求名单真实、客观、实用。收集完名单后，确定时间、地点进行会议营销的准备工作，包括现场的布置、控制和实施。之后，将名单根据不同的状况进行分类处理，然后通知消费者到会议现场
会议之中	主要工作在现场进行促销活动，尽最大可能去激发消费者的购买欲望。具体的做法与一般活动差不多，要根据企业文化、产品功效、服务对象、环境因素等实际情况而灵活运用
会议之后	将参加活动的消费者进行再次筛选，确定名单的有效性

2. ROAD 秀

ROAD 秀，又称路演、路边秀，是国际上广泛采用的证券发行推广方式。

证券发行商在发行证券前会针对机构投资者做推介活动，在活动中公司会向投资者就公司的业绩、产品、发展方向等作详细介绍，充分阐述上市公司的投资价值，让准投资者们深入了解具体情况，并回答机构投资者关心的问题。路演的目的是促进投资者与证券发行人之间的沟通和交流，保证证券的顺利发行。

路演在中国刚一出现不仅得到了上市公司、证券商、投资者的关注和青睐，也引起了其他企业的广泛关注和浓厚兴趣；同时，不少企业效仿证券业的路演方式来宣传推广企业的产品，形成了时下盛行的企业“路演”。

今天，企业路演的概念和内涵已得到改变和延伸，成为包括产品发布会、产品展示、产品试用、优惠热卖、现场咨询、填表抽奖、礼品派送、有奖问答、文艺表演、游戏比赛等多项内容的现场活动。

3. 终端促销

在传统营销中，促销活动是产品营销的重要环节，主要是为终端的销售工作起到一定的推动作用。虽然在传统促销中，也强调要突出产品的品牌形象、个性化、鲜明化，可是在策略制定、活动设计和活动的进行中，对个性化满足得不够充分，更多强调的是产品的功效。

比如，传统营销的促销也包括产品的优惠、赠送和让利，可是在互动一环明显匮乏，互动营销强调的是在现场娱乐活动的策划。

4. 网络营销

新兴的网络营销也是一种互动模式，而且成本较低。网络营销存在一种高效率的互动关系，顾客选定自己感兴趣的产品之后，就会产生购买行为。传统广告，一般都是单向的，无法搜集到消费者的意见和信息，不清楚消费者的反馈和心中所想。通过网络营销的互动，可以更好地了解消费者心中真正的想法，便于企业掌握所需要的消费者信息。

最初的网络营销主要是通过点击来完成的，首先发布广告，如果顾客点击了广告，就意味着用户对广告是有兴趣的。可是这时，广告相对来说是静止的。随着点击方式的不断成熟，用户看完具体的广告网页就会进入广告主的网站，这时才算进入一种互动状态……用户在看完网络广告后采取了购买行动，产生了销售结果，这就是互动产生的效益。

借助事件，让影响力和传播速度倍增

新闻媒体有着完整的操作流程，每一个媒体都有专门搜寻新闻的专业人员，因此只要当一件事情真正具备了新闻价值的时候，它就具有了成为新闻的潜在能量。

2000 年的“3·15”晚会上，中央电视台曝光了一些存在质量问题的桶装水。接着，很多媒体相继追踪报道有更多的桶装水企业存在着桶装水的健康和卫生等危害社会的问题。报社和各桶装水厂商接到了不少观众打来的电话，纷纷询问和关心桶装水质量情况到底如何。

人们饮用桶装水本来是为了身体健康，而“3·15”晚会将桶装水质量问题被揭露出来后，人们突然发现，桶装水居然还没有自来水干净，北京的桶装水市场也刮起了一阵沙尘暴。

“劣质水”不仅造成和助长了低价侵扰市场的企业行为，还使桶装水市场的社会形象恶化，非常不利于桶装水市场的进一步发展，对桶装水行业发展构成了致命的威胁。

2000 年 6 月，乐百氏在北京地区实施了一项名为“寻源之旅”——“真金不怕火炼”的活动。利用双休日，乐百氏免费接送由 3000 多名北京市民组成的特殊“打水队”，到位于怀柔风景区的乐百氏桶装水工厂参观，让广大市民亲自感受并监督乐百氏桶装水的生产过程，诚心诚意地请消费者对自己进行“体检”。接着，这个活动相继在全国其他地区展开。

在全社会都在讲求“诚信”的今天，乐百氏的这一举动无疑为桶装水市场起到了很好的表率作用。比起各种广告促销活动来，这算是一种传统的办法，但这种传统的办法在消费者对产品心存疑虑时却非常有效。

其实，在整个事件中，蕴含了体验营销的思想。乐百氏举办这次活动，通过这种工业旅游的方式，树立起了自己在众多品牌中专业、高档与诚信的形象。这种形象的树立正是乐百氏在市场上抛开其他中小品牌、避免陷入价格战的一个重要手段。通过引起社会媒体的高度关注，引发了大量的报道和宣传，取得了良好的社会效益和企业效益。

新闻的传播有着非常严格的规律，当一件事件发生之后，它本身是否具备新闻价值就决定了它能否以口头形式在一定的人群中进行小范围的传播。只要它具备足够大的新闻价值，那么就一定可以通过适当的途径被新闻媒体发现，然后以成型的新闻形式来向公众发布。

今天，事件营销逐渐受到了企业的青睐。其实，组织进行事件营销无外乎两种模式：借力模式和主动模式。

1. 借力模式

所谓借力模式，就是组织将组织的议题向社会热点话题靠拢，实现公众对热点话题的关注向组织议题的关注的转变。

事件营销用好了事半功倍，也可以节省大量的传播预算。要想实现好的效果，必须遵循相关性、可控性和系统性的原则。

（1）相关性

相关性，是指社会议题不仅要和组织的自身发展密切相关，也要与组织的目标受众密切相关。最具代表性的是，爱国者通过赞助《大国崛起》启动的全国范围内的营销风暴。

《大国崛起》将视线集中在各国“崛起”的历史阶段，追寻其成为世界大国的足迹，探究其“崛起”的主要原因，对于中国的崛起有着很深远的启示。而中央台播出的每集节目中都会出现“爱国者特约，大国崛起”的字幕，同时画外音道白：“全球爱国者为中国经济助力、为国家崛起奋进!”这震撼了每一个中华民族的拥护者，也极大地提升了爱国者的品牌形象。

（2）可控性

可控性，是指能够在组织的控制范围内，如果不能够在组织的控制范围内有可能不能达到期望的效果。

（3）系统性

系统性，是指组织借助外部热点话题必须策划和实施一系列与之配套的公共关系策略，整合多种手段，实现一个结合、一个转化：外部议题与组织议题相结合、公众对外部议题的关注向组织议题关注的转化。

2. 主动模式

所谓主动模式，是指组织主动设置一些结合自身发展需要的议题，通过传播，使之成为公众所关注的公共热点。使用这种模式的时候，必须遵循创新性、公共性和互惠性的原则。

（1）创新性

要想获得关注，设置的话题必须有亮点。正所谓狗咬人不是新闻，人咬狗和人狗互咬才是新闻。

（2）公共性

不要自言自语，设置的话题必须是公众关注的。

（3）互惠性

要想获得人们持续的关注，必须实现双赢。

关于主动模式，这里有两个本土家电企业的成功案例。

彩电市场竞争异常激烈，各家陆续推出各种概念。其中最具代表性的是创维的六基色概念，其通过媒体持续地向公众传播六基色为什么健康，获得了极大的社会认知。在这个过程中，既有创新性（六基色概念），又有公共性和互惠性（彩电市场混乱，公众很想知道什么样的彩电才是健康的彩电）。

在《空调制造成本白皮书》上，奥克斯毫不含糊地一一列举了1.5匹冷暖型空调1880元零售价的几大组成部分——生产成本1378元，销售费用370元，商家利润80元，厂家利润52元。话不讲透心不休的奥克斯，还将几大部分成本条分缕析地予以解密，成了事件营销主动模式的典范。

在固定的期限内“让利”

20世纪70年代初，美国市场竞争日趋激烈，有一家名叫“斯里兰”的百货公司，面临着被人吃掉的危险。为了求生存，他们突发奇招，以公司最为俏销的“雪山”牌毛毯维乌尔族小龙头让利8%。

百货公司规定：凡顾客在公司购得一条雪山牌毛毯，就可以得到一张优惠券；凭此券再去公司购物可以享受优惠15%，同时再在给顾客一张二次优惠券；顾客凭此券再去公司购物，便可以享受优惠20%；若顾客能三次购物，公司便会发给顾客一张“忠实上帝”抽奖券。顾客凭此券便可以参加公司根据购物价值级别设立的各种抽奖，奖品为公司所售的冰箱、彩电、计算机、自行车等；如果顾客未能中奖，便可以凭抽奖券在公司挑选一件价值3~5美元的小商品作为感谢惠顾。

通过这种方式，公司不但没有在竞争中被人吃掉，反而站住了脚跟。

“斯里兰”百货公司在促销时，运用了什么营销策略？让利销售！让利销售的重大作用由此可见一斑！

所谓让利销售，是指企业以减少产品销售利润为代价，使顾客从购买本企业产品中得到更多的实惠，促进产品销售。

这是一种特别优惠的促销法，主要做法是：如果企业原定的某种产品其销售利润率为30%，在实行让利销售时，把这种产品的销售利润率降低到25%，把5%的利润通过降低产品价格的形式转让给顾客，使顾客以低于以往的价格购买到这种产品，而从中受益。

1. 让利销售的形式

让利销售有以下几种形式：

（1）折扣销售

为了鼓励购买者大量采购，有些企业会在价格上给予一定的折扣。通常情况下，商业折扣从商品价目单上规定的价格中直接扣除，购销双方均以折扣后的净额，即实际价格计算反映。

（2）销售折扣

这是一种财务会计上的现金折扣。为了促使买方在一定信用期内早日付款，有些企业会给予买方的一定的折扣，这就是销售折扣。

（3）销售折让

货物售出后，由于品种、质量、性能等方面的原因，消费者虽然没有退货，但有些商家也会给买方一种价格折让。销售折让是销售额的实质性减少，税法规定对销售折让可以按折让后的销售额计征增值税。

（4）以旧换新

消费者在购买新商品时，如果能把同类旧商品交给商店，就能享受一定的价款折扣，旧商品起着折价券的作用；如果消费者不能提交旧商品，新商品就只能以原价售出。

（5）还本销售

商家在销售货物后，到一定期限，一次或分次退还买方全部或部分价款。税法规定，采用还本销售方式销售的，其销售额就是货物的销售价格，不得从销售额中减除还本支出。

（6）以物易物

指纳税人采取非货币性交易方式销售产品。

2. 让利销售的注意事项

企业在实行让利销售的过程中，应注意以下事项：

（1）正确作出让利销售的抉择

企业是否需要实行让利销售，关键要看本企业产品的市场销售状况和顾客对本企业产品销售价格的反应态势。在遇到下列情况的时候，可以适度让利：

• 本企业产品市场销售势头减退或前景不太乐观，顾客有着普遍的降价愿望和要求。

• 当原材料工业品生产企业的产品销售利润率，比用户的产品销售利润率高出很多时，用户会强烈要求原材料工业品生产企业让利及降价；否则，就会抵制购买。

在上述情况下，企业就应适时地、适当地采取让利销售策略，以安抚用户、巩固市场地位。

（2）让利幅度不宜太大

企业实行让利销售的让利幅度不宜太大，否则会明显降低企业的经济效益；同时，在实行让利销售过程中，不仅要通过增加产品销量来增加利润总额，还应通过增产节约、降低生产成本、减少流通费用、提高资金使用效率等各种途径，提高企业的经济效益，力争使让利销售既能促进购买，又能增加赢利。

“秒杀”杀出大利润

2009年9月，阿里巴巴旗下的淘宝网为了庆祝成立六周年，举办了一次“一元秒杀”的网购促销活动，网络反响巨大、影响深远。从此之后，“秒杀”这个原本指网络游戏中瞬间杀死敌人的词语，变成了炙手可热的互联网营销关键词。

实际上，对于“秒杀”式营销很多人都不会觉得陌生，如今“秒杀”已经由原本的淘宝网营销事件，变成了众多商家追捧的营销策略中的促销手段。

2007年11月，家乐福重庆沙坪坝店举行了“十周年店庆限量抢购”活动。原价51.4元的菜籽油卖39.9元，触发了市民疯狂的神经。在工作人员往人群里抛5升装的油桶时，混乱与互相践踏导致3死31伤的人间惨剧发生了！

虽然这是一起由于策划不当、现场管理失控所酿成的悲剧，但这个负面的案例却凸显了“秒杀”式营销的本质——以低价引发大量消费者关注，设置定时、定点、定量的购买条件，使活动取得巨大的销售业绩和影响力，主要目的是提升销量和扩大品牌影响力。

“秒杀”是当今最流行的营销活动之一，它是商家常用的一种网络营销手法。由于商品价格比平常更实惠，因此受到年轻一代的追捧。

实际上，这是互联网时代所催生的一种新型促销方式，简单地说就是商家的限时大甩卖，它与线下商场超市的促销有两个不同之处：一是限时，而且这个“时间”是以秒来计算的，这是基于互联网和电脑的特殊性质；二是惊人的低价，如1元的葡萄酒、1元的笔记本电脑，甚至是1元的汽车，噱头大，参与者数量众多，不受时间、地域的限制。

消费者之所以爱好“秒杀”，是因为可以以最低的价格买到商品；而作为卖家，秒杀可能是网店突破销售困境的重要转折，可能是积累客户的关键一步。

那么，如何利用“秒杀”来做好营销呢？

1. 造势——善用社会化媒体制造“病毒”

要想让“秒杀”式营销取得好结果，就必须善于借助各种互联网媒体：搜索引擎、社区论坛、即时通信软件、博客、微博、电子商务平台等。只有充分利用这些工具，品牌才能最大化地得到传播。

传播的速度取决于“内容”，如果仅仅是一则“秒杀”的硬广告，相信很多网友都已经司空见惯了；但如果是一则能够引起共鸣、极具娱乐效应的“软性广告”，那么情况则会大为不同。比如，王老吉借助汶川地震捐款一亿元，靠在论坛炒作话题卖断了货。当互联网到处充斥着“封杀王老吉”的字眼时，说明“病毒”已迅速得到扩散。

“病毒”营销与硬广告的不同之处，就是它可以被受众主动、自发地传播，辐射的范围更广，可信度更高，因此企业一定要在时尚性、娱乐性、创意性三方面做足文章。

2. 互动——设计互联网活动提高“黏性”

实际上，“秒杀”在互联网营销当中充当的是抛砖引玉的角色，毕竟能够“秒杀”到产品的用户屈指可数。企业靠“秒杀”活动聚集大量人气之后，为了把这些潜在顾客都留下来继续关注自己，就要策划一些互动活动了，通过好玩刺激的游戏来引发互动。

3. 建群——借助粉丝群组织传播“口碑”

很久以前，曼妥思的广告一直都让人感觉很神奇，比如，手的影子可以把放在桌子上的曼妥思糖送入朋友口中，攀登者可以在悬崖上垂直倒立甚至还腾出一只手来拿曼妥思糖吃。

基于人们的好奇心，曼妥思策划了两个很有成效的活动：一个是让网友在论坛上讨论曼妥思广告是如何拍成的；另一个则让网友通过视频、图片、文字来创造自己神奇的幻觉作品。丰厚的奖品极大地激发了网友的参与度，曼妥思粉丝团人数一下便超过了 5 万人，论坛访问量也超过了 700 万，广告词“真的很 Mentos”在年轻一族中广为流传。

物以类聚、人以群分，建立粉丝群就可以把爱好相同的用户聚集在一起，企业就可以通过活动和意见领袖来影响此群体，专业解答产品问题，引导成员分享心得。如果企业能把拥有品牌美誉度的顾客集结起来，这个群体必定会成为企业很好的口碑传播利器，秒杀活动也就更加容易开展。

优化搜索引擎，给客户便利就能带来利润

搜索引擎营销追求最高的性价比，以最小的投入获得最大的来自搜索引擎的访问量，并产生商业价值。简单来说，搜索引擎营销就是基于搜索引擎平台的网络营销，利用人们对搜索引擎的依赖和使用习惯，在人们检索信息的时候尽可能地将营销信息传递给目标客户。

阿里巴巴是国内最早进行搜索引擎优化的电子商务网站，到目前为止也是网站优化总体状况最好的大型 B2B 电子商务网站之一。阿里巴巴的搜索引擎优化水平远远高于行业平均水平。

数据显示，阿里巴巴中国站被谷歌收录的中文网页数量在 2006 年 8 月为 5320000，要远远高于同类网站的平均水平。更重要的是，阿里巴巴的网页质量比较高，潜在用户更容易通过搜索引擎检索发现发布在阿里巴巴网站的商业信息，从而为用户带来更多的商业机会，阿里巴巴也能够获得

更大的网站访问量和更多的用户。

从宏观上来说，阿里巴巴在搜索引擎营销方面确实做得很不错，它是如何做到的呢?

首先，使用搜索引擎优化的理念占领了当时还不太成熟的市场，对组织内容进行填充，加上用户的贡献行为，可以弥补初期在信息方面不全的劣势。

其次，在引导用户进入这个平台之后，迅速地让用户找到当时想要的产品。通过其榜样的作用，让用户来为它做宣传，从而在搜索引擎上建立了庞大的链接群。链接方面全是正面的信息，可以用时间成本甩开竞争对手的追逐，设定一些门槛。

再次，随着更多用户的进入，信息量猛增，开始对信息进行分流，以各个产品系列为主体，在搜索引擎上形成一定的影响力。

最后，在用户苏醒期，也就是策略后期，在搜索引擎营销中不仅以搜索引擎优化为主体，还使用了点击付费的形式，这就为用户寻求更大的出路做好了准备，因此阿里巴巴在搜索引擎上一直保持着良好的态势。

搜索引擎营销是利用搜索引擎而产生的一种网络营销方式，目前大多数网民都在使用搜索引擎查询搜索信息，搜索引擎营销就是在用户搜索信息时，把网站相关信息更好地推广给目标客户，使网站快速实现性价比，提升商业价值。

搜索营销最主要的工作是扩大搜索引擎在营销业务中的比重，通过对网站进行搜索优化，更多地挖掘企业的潜在客户，帮助企业实现更高的转化率。以下为网络营销的基本步骤:

1. 行业分析

根据网站所处的相关行业，分析出目标人群需要什么，查询什么，怎么能更好地为他们服务。

2. 行业调查

分析网站用户是通过什么途径进入网站的，挖掘目标用户相关搜索关键词，同时调查竞争对手，主要采用什么方式推广，关键词的去向，总结整理关键词组。

3. 用户体验

针对网站用户人群制定网站功能、网站结构、网页布局、网站内容等因素综合性的设计，来改善网站环境，提高用户体验，更好地适应网站发展，提高转化率。

4. 搜索引擎优化

根据分析的关键词组，优化标题标签、描述、页面上关键词的布局和内部链接结构、动画、图片等综合因素设计，使网站更符合搜索引擎标准，进行搜索引擎推广，提高网站权重，使网站内页排名提高，取得关键词排名。

卖产品不如卖记忆——注重培养客户

在激烈的市场竞争中，拥有稳定的客户群，已经成为企业赢得利润的关键所在。谁拥有了客户，谁就赢得了市场、赢得了利润。企业要想拥有稳定的客户群，培养顾客忠诚度是关键。

不管如何，忠诚客户数量对于每个企业都是越多越好，培养忠臣客户是双方在与时俱进中成长和前进，实现良好经济链的一个过程。

培养忠诚顾客是一个相对的概念，企业可以通过客户关系管理，通过一系列手段的实施来稳定客户的长久性，具体办法可以用三个字来概括：情、理、法。

1. 情——用真情

要想维护忠诚顾客，首先要用感情。毋庸置疑，顾客与你的交往是建立在产品的基础上的，一旦脱离了产品，即使你与顾客成为了好朋友，也是没用的。顾客既不是上帝，也不是家人，商家与顾客友好相处的关系只能是朋友关系，而朋友就要平等、友好、合作、互惠。因此，要做到以下几点：

（1）态度要真诚

态度是第一要素，一定要把心态摆正。与客户的交往是一个动态的过程，是有来有往的，一定要真诚。首先要确立一个观念，就是要充分了解客户的购买心理，只有这样，才能在销售过程中有的放矢，在最短时间内实现“引发注意—产生兴趣—激发欲望—促进行动”这一过程。

（2）保持沟通渠道的畅通

“沟”是手段，“通”才是目的，双向交流才是谈话的主要方式。与顾客的沟通一定要是畅通的、坦实的。

如果给客户的某些回应需要查阅资料，如产品价格、产品特点、相关政策、上次该客户的购买记录等，千万不能让客户在电话那边等太长时间，因此资料一定要放在手边，以便及时查阅；同时，手边所准备的各种资料要尽可能的全面。

2. 理——掌握一定的方法和技巧

沟通时，要把客户经常会问到的问题做成一个工作帮助表，客户问到这些问题时，就可以随时快速地查阅回答。

同时，还需要准备好一个资料——相关人员的联系电话表，尤其是同事的联系电话。当客户问的问题你不是很清楚时，就可以马上请同事中的技术人员帮忙给客户解答，形成三方通话。例如，客户愿意购买，你可以马上与送货员联系，及时把产品送上门。

客户的忠诚只有建立在与企业互相信任的基础上，忠诚度才能持久存在。实际上，任何一家公司的产品都不可能完全满足每个客户的需求，客户购买产品的时候，往往会出现这种情况：A 公司的产品可以满足他一种需求，B 公司的产品可以满足他另一种需求。如果你不知道客户的需求中哪一种对他最重要，就不能很好地引导客户选择你的产品，因此一定要对客户的需求有一个完整的了解。

企业不仅要知道客户的需求都有哪些，还要知道客户为什么会产生这种需求，他想解决什么问题。如果把客户的需求作为一种冰山模型来看，那么客户表面上表达的需求是冰山的表面，而它下面更大的部分是看不到的。如果你不主动去挖掘，你就不知道客户为什么会产生这种需求，他的驱动力在哪里，也就不知道如何更好地满足他的需求，促使他选择你的产品，因此一定要想尽办法挖掘客户的驱动力。

还有一点需要注意的是一定要分清楚介绍与推荐产品的区别。

介绍产品是以产品为交流中心，突出产品如何的好，如何的先进；推荐产品是指在交流谈话中了解客户，先去了解客户的潜在的需求，逐步引导客户，让客户去表达一种明确的需求，然后再去介绍产品，这样客户接受的可能性就会非常大，因为客户会觉得这个产品对自己最有帮助。因此，要根据客户的需求来推荐产品，提供个性化的服务。

3. 法——遵循一定的制度和规则

培养客户的时候，有些原则也是需要注意的：

（1）给客户特殊的待遇

为了让顾客不断地感到被尊重，一般来说，公司会制定很多会员制度。目前，一些企业采用金卡、银卡的方式对那些忠诚客户给予优惠，可以说是一种不错的方法。营销人员在沟通时也要设定不同的沟通环境，跟进客户时一定要用不同的方法和手段，不能每次打电话时都讲同样的内容。

除了电话沟通外，还有很多其他的跟进方法，如上门拜访、电子邮件、传真、信件等。要用不同的方法跟客户接触，而且一定要让客户觉得你确实是真心地关心他。沟通时，可以有各种理由，如节日问候、生日祝福、天气关心、促销和健康资料赠送等。

（2）高效、快捷地解决问题

在客户维护过程中，客户不可能没有问题，而一旦出现问题，就要及时解决。公司内部要有完善的通报和处理流程，对外要恰当地处理事端，给顾客一个还原问题真相的态度。这样客户才能成为公司的忠诚顾客，他们才能真正认同公司的文化和产品价值。

通过公司对问题或建议的处理，客户可以不断增强信心。因为产品的品牌价值是会随着时间的变化而减弱的，而成功的公司正是能看到这一点，它们会不断加深忠诚顾客的信心度，使客户流失的可能性降到最低。

第八章

商业模式的渠道建设与占位

在互联网领域，技术可以复制，模式可以复制，但渠道是绝对复制不了的。所有的公司都可以做行业网站，而且进入门槛非常低，但很多网站都是亏损的，主要原因在于他们搭建一个电子商务平台，而不能与传统产业进行很好的结合。

——中国网库董事长兼CEO　王海波

选择适合自己的渠道模式才能产生利润

销售渠道是企业最重要的一种资源，也是变数最大的资产，更是企业把产品向消费者转移的过程中所经过的路径。这个路径包括企业自己设立的销售机构、代理商、经销商、零售店等。对产品来说，它不对产品本身进行增值，而是通过服务增加产品的附加价值；对企业来说，销售渠道起到物流、资金流、信息流、商流的作用，完成厂家很难完成的任务。

不同的行业、不同的产品、不同规模企业和处于不同发展阶段的企业，其销售渠道的形态都是不一样的，可是绝大多数的销售渠道都要经过两个环节：由经销商到零售店。为了满足零售店的需求，也为了自己的利润最大化，几乎没有经销商只代理一家的产品，而是有自己的产品组合。

严格来说，“渠道”是市场营销中的一个专业术语，是指通向消费者方向的各种经销机构。营销渠道会对产品从生产者转移给消费者所必须完成的工作加以组织，可以有效消除产品（服务）与使用者之间的距离，一方面有利于满足消费者的需要，另一方面也能够实现企业的经营目标。

对企业的发展来说，由渠道系统构成的资源有着巨大的促进作用。在通常情况下，构成渠道系统的渠道成员绝大多数都是独立于企业的其他商业企业。这些企业有着独立的经营目标、方针政策和发展战略，一旦组合在一起，就会形成强大的协同效应，给企业开拓市场提供强大的支撑与后劲。

通常来说，常见的渠道管理模式一共有下列六种。

1. 一级代理渠道

这是一种垂直化渠道。

优点：覆盖面广，铺货迅速，资金周转快，可以节约成本和人力。

缺点：容易受制于经销商，对市场反应慢，对终端的控制能力弱，渠道推动力弱。

代表：格兰仕、摩托罗拉、诺基亚等。

2. 省级代理渠道

这种渠道模式是一级代理制和扁平渠道的折中。

优点：具有大部分一级代理制的优点，可以大大减弱对经销商的依赖。

缺点：容易造成省际窜货，最好一个省只有一个货源。

代表：TCL 手机、西门子部分型号手机。

3. K/A 直供渠道

这种渠道模式只对重点客户，如大的连锁零售商进行直接供货。

优点：运作成本低，代表了零售业的发展趋势。

缺点：压低了厂家的毛利，终端价格不受控制，容易造成渠道体系混乱；同时，提供增值服务的能力也较弱。

代表：目前许多品牌都采用 K/A 直供作为混合渠道的成分之一，很少有将其作为唯一渠道的。如沃尔玛、国美、好又多等。

4. 全面直供

这是一种扁平化渠道，即绕开所有批发商，直接向零售商供货。

优点：可以完全掌握渠道，终端推动力大，营销措施容易贯彻，对销售前景库存等预测准确。

缺点：费用高，收效慢，销售队伍难管理，资金周转慢，库存风险大。

代表：海尔、科龙、波导、科健等。

5. 自建连锁店

这种渠道模式只有加盟的零售商才可以向厂家拿货。

优点：具备全面直供的扁平化渠道的优势，而且销售队伍与全面直供相比精干得多。

缺点：速度相对较慢，开专卖店投入大，厂家对终端法人控制力有限。

代表：春兰、TCL 电脑、雅芳。

6. 混合模式

混合模式也就是将以上几种渠道模式混合运用。

特点：操作难度较大，分型号策略是可行的一种，即某些型号用 K/A 渠道，某些型号用传统批发渠道。

缺点：不同模式的价格体系相差太大，价格无法协调，容易产生渠道冲突，最后可能只剩 K/A 模式。

上述六种渠道模式，每个模式都有做得成功的厂家，无法比较出最优渠道模式。其实，只有适合自己的，才是做好的！不管采取哪种方式，都要把模式优势发挥到极致，消除模式缺点，扬长避短。由此可见，根据自身实际，选择出适合自己的渠道模式，才是上策！

走同样的路，必定会荆棘丛生

如今，越来越多的企业发现，在产品、价格和广告同质化趋势加剧的今天，单凭产品的独立优势是很难赢得竞争的。美国西北大学教授唐·舒尔茨曾经指出：在产品同质化的背景下，唯有“渠道”和“传播”能产生差异化的竞争优势。

研究发现，新兴的分销渠道不仅会带来全新的顾客期望值，还会对成本造成一定的影响，甚至可以节省10% ~15%的成本，从而创造出一定的成本优势。

所谓渠道创新，就是产品从生产者向消费者转移所有权过程所经过的路径发生的与众不同的改变。

今天，销售渠道已经成为企业关注的重心，并日渐成为它们克敌制胜的武器。在市场经济日益发达、企业的市场营销环境不断变化和竞争日益激烈的今天，分销渠道管理与创新是企业成功的重要条件。

企业的成功离不开企业营销渠道的创新。在全球经济危机的今天，一个好的营销渠道的创新显得更加重要。

1. 如何进行渠道创新

可以从两方面做起：渠道设计的创新和渠道管理的创新。

（1）渠道设计的创新

渠道设计的创新，主要体现在四个方面：

一是渠道长度的创新，如零层通路、一层通路、两层通路、三层通路等。

二是渠道宽度的创新，如独家分销、选择分销、密集分销。

三是通路广度的创新，是选择一种通路，还是选择多种通路。

四是通路系统的创新，采取传统的系统、垂直的系统，还是水平的系统。

渠道创新的设计，应该是在这四个方面进行创新。比如，安利进行了渠道长度的创新，开始分销他的产品的时候，便采取了直销的方法；同时，这种直销的方法，又是多层级的直销，在西方国家也是一种创新。

安利到了中国以后，国家政策发生了变化，在直销的同时要求必须要开办自己的店铺，因此安利就开办自己的店铺，改变了它在国际上的传统模式。

（2）渠道管理的创新

渠道管理的创新，主要体现在三个方面：

一是流程管理的创新，包括所有权流程、谈判流程、物流流程、财务流程、信息流程、促销流程。

二是成员管理的创新，如怎么选择、怎么培训、怎么激励、怎么评价。核心是关系管理的创新，必须处理好垂直关系、水平关系、交叉关系。

三是终端管理的创新，比如，怎么和零售业打交道。

宝洁公司的终端管理创新，就实现了一种双赢。宝洁公司采用了应用品类管理法，可以及时得到各种信息，比如，公司的每一种洗衣粉在沃尔玛超市里面卖了多少，有哪几个品牌，哪个积压了，哪个卖得好……这样，就和沃尔玛之间形成了一种自动补货系统，使宝洁供应的产品都是市场上需要的。使用这种方法，不仅大大降低了双方的库存，还使双方的利润都大大提高了，在很大程度上节省了成本。

2. 渠道创新的一般过程

无论是设计的创新还是管理的创新，都包括这五个步骤：分析消费者服务需求、确定渠道目标、列出通路备选方案、确定备选方案、最终评估备选方案。

服务需求是渠道创新的来源，因为渠道就是满足顾客的服务需求的。你能满足渠道未明确表述的需求就是渠道创新。比如，可以在超级市场的停车场里面设个加油站，或者在加油站建立一个便利店。

高速公路原理是渠道创新的一个思路，企业建立渠道是干什么的？建高速公路。你建的高速公路上，自己的车可以走，其他的车也可以走；家庭用车可以走，货车也可以走。谁走向谁收费，这是一条高速公路，哪种产品走，都要收费。

美国 71 便利店之所以会取得成功，就是因为把自己当成了高速公路：自来水公司让它代收水费；电影公司让它卖电影票……自己卖商品获得的利润是有限的，可是因这种附加价值赚取的利润是非常大的。

服务和成本的平衡是渠道创新的目标。服务越方便，成本也就越高；成本降低了，服务可能就不方便了。因此，创新渠道的目标，是企业在选择成本与服务目标之间的一种平衡。

渠道越多，维护的成本就越高

渠道推广是销售过程中不可或缺的一个重要环节，引导客户使用新渠道，不管是对客户、商家，还是对渠道合作方，都是一个艰难的过程。不过一旦成功，回报则是相当丰厚的。

在过去，有一段时期，企业只要单一的渠道就可以向客户提供产品（服务）。可是如今，为了满足客户对更多渠道的需求，很多企业已经开始面向客户开拓多种渠道了。

其实，多渠道营销远非看起来那么简单，不仅仅是简单地增加营销渠道，而且会带来成本上升或是收益下降等诸多意想不到的后果。有的企业投入大笔资金开辟新渠道后，很快遭到了竞争对手的效仿。有些企业在实行渠道多元化后，销售与市场管理人员都失去了对客户的控制，财务上损失很大。

这些问题都是很难解决的！企业不能靠减少渠道数量来寻求企业未来的发展，因为客户已经习惯了有多种渠道可供选择，而且还在要求有更多的选择。如果企业不再提供多元化的渠道，客户很可能会流失。而且，那些可以提高渠道效率的常用工具，也是无法缩小客户预期和渠道实际经济效益之间的差距的。那么，如何来解决这一难题呢？可以从以下几方面入手：

1. 进行“再规划”

要想在与客户的多渠道互动中取得控制权，企业不仅要巧妙地引导客户，限制客户渠道选择数量，还要在销售与服务的过程中对客户加以巧妙引导，限制客户使用的渠道数量……事实证明，这种对渠道的“再规划”可以有效决定在何时、何地与购买产品（服务）的客户进行互动。

2. 鼓励客户使用不同的渠道

鼓励客户在销售过程中的不同阶段使用不同的渠道，业内领先的企业就可以在客户偏好与渠道经济效益之间取得平衡，不仅会取得可观的回报，还能有机会渗透到以前未能很好服务的客户群。而且，针对客户量身定制的“市场渠道”，还可以成为提供持续差异化服务的利器，不仅竞争对手难以模仿，还能使客户将渠道与实际产品（服务）紧密联系起来。

3. 了解渠道的经济效益

为了降低企业在变换渠道方面的风险，企业必须了解渠道的经济效益，采取多种激励手段适时地将客户引导到正确的渠道上去；同时，要提前设计好保障体系，应对客户或渠道合作方可能出现的不利反应；还要制定沟通方案，激励企业的内外支持方……有了这些工具，企业最终就能实现多渠道营销的美好前景。

4. 引导客户使用最佳渠道组合

客户不可能永远是对的，如果完全按照客户的喜好去做，企业不仅会增加成本，还会错失本可以增加销售收入的机会。相反，企业必须引导客户使用每种产品（服务）的最佳渠道组合。那么，如何确定哪种组合为最佳渠道组合呢？

要想获得答案，企业就要重新思考经济效益和客户渠道偏好等共同影响企业渠道架构的因素，重新审视用以影响客户和企业销售人员行为的激励措施。

5. 掌握渠道的真实经济效益

大多数企业对自身渠道的使用量和利润率略知一二，可是，没有几家企业真正清楚客户通过该渠道采购的产品（服务）对于企业的价值有多大，而掌握某些销售（服务）工作经济效益的企业就更是凤毛麟角了，比如，产生销售线索需要多少成本、客户更喜欢使用哪种渠道……因此，很多企业都无法设计出能够留住客户的渠道架构。

要想掌握渠道的真实经济效益，首先，要了解使用不同渠道服务相似客户（或提供相似产品）的成本。一些看似很好的渠道可能实际上没有那么高的利润，反之亦然。

其次，在企业对使用不同渠道服务类似客户的成本进行“一对一”的对比后，应该考虑不同渠道客户的质量差别。过去，运营商主要通过一项简单的指标比较所采用渠道的效能：新增用户成本（CPGA），也就是获得一名新客户的标准成本。

可是，很多渠道的 CPGA 虽然相差不多，但所服务的客户类型却大不相同。只有在对不同渠道的单位客户利润率和客户离网率进行分析后，企业才会了解到，有些渠道为企业获得并保留了很多高价值客户，所起到的作用远远大于这些渠道在渠道总数中的比例。

6. 掌握事务层面的各种成本和收入数据

客户在购买过程中会变换渠道，企业只有充分了解了每个渠道在每个销售（服务）环节中的经济效益才能对客户进行有效的引导，因此仅仅准确地了解渠道的总利润是不够的。企业不仅要了解一名电话销售人员需要多长时间产生销售线索，还要了解提供客户服务需要多长时间，至于这段时间内的回报，企业就更有必要掌握了。

要了解这些，企业必须掌握事务层面的各种成本和收入数据，如果难以收集，就要估算。如果说经济效益在渠道架构中属于“科学”，那么识别客户的偏好就是“艺术”了。当然，客户在进行某些交易时常常会偏好使用某些渠道，而某些具体渠道组合往往使客户产生忠诚度，或带来交叉销售的机会。对客户进行研究和统计分析有助于发现客户偏好的渠道组合。

重点渠道重点对待——注重渠道的维护

很多区域经理平时都努力工作，精耕细作，掌握了销售网络之后，就会单飞；天有不测风云，往日亲如一家的批发商集体“叛逃”。这究竟是人心叵测，还是自己不知好歹？

李海在一家啤酒公司任职，主要负责一个地级市的啤酒销售。他从一个普通的业务员做起，用了两年的时间，便升到了该地区的区域经理。在这两年的时间里，李海的足迹几乎踏遍了该地级市的每一个乡镇，对该地区的地理情况了如指掌。更重要的是，有过两年的啤酒销售经历，李海自信自己已经拥有了一张由地市到县城再到乡镇的强大批发网络。

李海之所以这么自信，有他的理由：首先，该地级市从市区到县城再到乡镇，几乎所有从事快速消费品批发销售的批发商都跟他打过交道，有过生意上的往来；其次，他负责管理的某啤酒在该地区的经销商和二批商、三批商中，都是该地区批发产品的佼佼者，而且大部分合作非常愉快。批发商们通过经销该啤酒，既赚了钱又赚了下级网络，普遍对他比较信服和尊敬。

鉴于以上原因，李海踌躇满志。他觉得拥有这么好的网络，应该自己做点事情。经过一番前期的筹备，他的新公司很快开张，并且拿到了省内另外一家著名啤酒在该地区的代理权。

凭着以前做啤酒的网络，新啤酒很快在该地区全面上市。李海自信，凭着他以前的威望和关系，新啤酒全面上市只是第一步，接下来他要把这些网络彻底拉过来，只做新啤酒。

三个月过去了，结果十分令人意外：网络二批商们纷纷抱怨新啤酒价格高、经销商利润薄、促销政策变化快、市场投入不够等，最后这张曾经令李海十分自信和骄傲的网不仅没有给他带来预期的收益，反而集体背叛了他，新啤酒在网络的销售陷于停滞。

李海感到疲惫不堪，心力交瘁。

为什么这张曾经令李海十分自信的网络会离他而去呢？答案在于缺乏：管理与维护。

作为一个职业经理人，建造一张网只是一个基础、一个开始，要想保持这张网对你的忠诚度，并利用它来发挥增值作用，必须对这张网不断地进行修护，也就是管理与维护。否则，织得再好的一张网也会随着风吹雨淋而变得破烂不堪。

1. 保护渠道的利益

保护渠道的利益包括三层意思：

（1）让渠道有利可图

批发商之所以愿意跟你做生意，主要是觉得你的产品有钱赚。如果有一天他发现经销你的产品没钱赚了，迟早会离你而去。因此，保证渠道有利可图，这是前提。

（2）使产品给渠道带来高收益

现在市场竞争激烈，同类产品往往有很多竞争对手，而唯利是图又是渠道选择的天性，哪个产品的收益高，渠道肯定会投入更多精力去销售这个产品。收益是多方面的，不仅包括利润，还包括网络、名声、额外收益等。

（3）严格控制冲货

冲货会直接导致价格体系崩溃，大家都没钱赚，冲货是批发商们最头疼的事。追逐利益是渠道的天性，如果不能保障渠道的利益，渠道就会背叛你。

2. 渠道的吐故纳新

任何一张网都是动态的，不是静态的。要想使这张网保持健康、充满活力，必须不断地对这张网进行修补，剔除一些变质或者跟不上潮流的成员，补充一些新的成员，从而使整个网络保持活力。

（1）吐故

所谓吐故，主要针对以下三类成员：

- 对公司缺乏忠诚度，对公司文化理念不认同，今天促销就做你的产品，明天没有促销就不做了，有的还去经销你主要竞争对手的产品。
- 跟不上公司发展的速度，市场发展了，公司发展了，可是他的观念还停留在以前；或者是资金、人员、管理、配送跟不上，老跟市场、公司脱节，阻碍公司的进一步发展。
- 渠道中的捣蛋分子，经常冲货、降价，屡教不改。这类成员要坚决剔除，以儆效尤。

（2）纳新

所谓纳新，是指那些目前还不属于你的成员，但其认同你公司的理念文化，对你的公司有一种向往。其自身的成长性非常好，资金、人员、配送各个方面都比较有实力，而且诚信经营。如果他们加入，会对你在该地区的销量和网络完善有很大的帮助。对于这些成员，企业应该欢迎并积极争取他们的加盟。

3. 渠道的创新

市场是瞬息万变的，随时随地都有很多新的情况出现，厂家只有根据市场的变化，适时地调整自己的渠道模式，进行渠道创新，才能在激烈的市场竞争中立于不败之地。

渠道创新和渠道的吐故纳新不同，纳新只是要吸收渠道中的新成员，而渠道创新则包含两个方面的内容：一方面是指要开拓出与原来完全不同的渠道，达到一种“山重水复疑无路，柳暗花明又一村”的效果。比如，汇源果汁看到其他果汁在商超拼得头破血流时，自己悄悄开辟了酒楼销售渠道，从而成为今天餐饮果汁饮料市场的领头羊。另一方面是指改变旧的渠道模式，创造一种新的、更适合市场发展的渠道模式。最有代表性的可以说是格力电器。格力原来实行的是省经销制度，后来市场竞争越来越激烈，这种模式的种种弊病便开始显露出来。1997 年，格力实行渠道变革，首创新模式，在各省与经销商合作成立格力电器销售分公司，把厂家的利益和经销商的利益牢牢捆绑在一起，极大地激发了渠道的积极性。

4. 渠道的整合

渠道的整合包括两层意思：使渠道扁平化和渠道的重心下移。

（1）使渠道扁平化

使渠道扁平化，这是一个趋势。一方面要去掉渠道中的一些中间环节，比如，去掉二批商，由总经销直接送货到终端，使渠道变短；另一方面，在同一层面上要增加新渠道成员，使渠道变得扁平，达到渠道的深度覆盖。

（2）渠道的重心下移

渠道重心下移就是要去掉地市级总经销，对整个市场进行精耕细作，实行一个地级市多个经销商制，每个经销商只负责一个县或者一个区这么大的范围。这样做的好处在于：首先，每个经销商只负责一小块市场，对市场做到充分深度覆盖，大大提高配送服务水平；其次，去掉地市级总经销，增加了渠道的利润，使得他们更有积极性和空间去操作市场；再次，厂家的资源尤其是促销活动能真正落到实处，增强一线市场的战斗力；最后，市场细分以后，厂家人员也不得不跑到一线市场和经销商并肩作战，增加市场反应能力。

5. 帮助客户成长

在市场摸爬滚打几年，有时候帮客户赚钱并不是第一位的，第一位的应该是帮助客户成长，因为任何产品或者公司都能帮他赚钱，区别只在赚多赚少而已，而只有少数大公司和有远见的公司才能帮助他成长。

很多客户做批发，除了赚钱以外，或者说赚了一定的钱以后，都有一种很强烈的发展壮大的渴求。除了自身努力以外，他很想能够得到外界的帮助，这个时候如果某个公司能够伸出援助之手，助其成长，他会充满感激，这种感激带来的忠诚度会大大超过你帮他赚钱带来的忠诚度，并且十分持久；同时，还能融洽客情关系，提高销量。

帮助客户成长，可以从多个方面入手：

（1）管理方面

比如，宝洁和联合利华经常对客户就提高库存管理水平进行帮助；百事可乐帮助客户培训业务员，以提高拜访效率并提升销量；美的掏钱让优秀的经销商去国外参加 MBA 课程培训，等等。

（2）技术方面

比如，替客户安装库存管理软件或者财务管理软件，以提高效率。

（3）硬件建设方面

比如，赠送或者借给客户配送车辆，帮客户添置传真机、电脑等现代化的办公设备等。

从线下走到线上，找到合适的平台

新媒体是新的技术支撑体系下出现的一种媒体形态，如数字杂志、数字报纸、数字广播、手机短信、移动电视、网络、桌面视窗、数字电视、数字电影、触摸媒体等。相对于报刊、户外、广播、电视四大传统意义上的媒体，新媒体被形象地称为“第五媒体”。

从传统意义上来说，新媒体具有以下特点：交互性与即时性、海量性与共享性、多媒体与超文本、个性化与社群化。可是，随着时代的发展，新媒体的特点也随着营销策略的改变而发生了一些新变化。

科技推动着现代化的步伐，经济浪潮日益席卷着整个社会，在多元化的今天，人们已经离不开相互交流、互通有无的共同圈了。

信息时代的到来，快节奏的生活使现代人的生活更加快餐化，人们对信息的需求越来越高，传统媒体的影响正在逐渐被日益增强的数字化媒体所取代，这是必然趋势。因此，关于新媒体的特点和营销策略的研究就变得尤为重要。如何运用新媒体进行渠道建设呢？

1. 做品牌，卖授权

“品牌策略”使新媒体企业具有一定的“明星效应”，在很大程度上提升议价能力。

迪士尼最初的时候是一家动画片制作企业，如今的经营范围却非常广泛，包括动漫图书、报刊、电影、电视、音像制品、舞台剧等多种动漫产品的开发、生产、出版、播出、演出和销售，以及与其动漫形象有关的服装、玩具、电子游戏等衍生品的生产和经营的动漫产业，这得益于迪士尼对动漫的全方位开发。

动漫衍生品的开发主要是通过品牌授权的方式进行的，被授权商可以使用授权商的动漫品牌生产销售某种产品（提供某种服务），还可以与动漫品牌授权商商定数额权利金。

品牌授权的方式一般有商品授权、促销授权、主题授权、通路授权等。其中，动漫产业链中获益最高的一环是衍生品开发环节。国际上，发展成熟的动漫产业链，动漫播出环节和衍生品开发环节的收益比为1∶9。因此，打造品牌会使企业在利润增长、吸取资金、赢得关注等方面获得巨大收益。

2. 做渠道，卖链接

网络时代的媒体资源就像是一张密密麻麻的蜘蛛网，包围着所有人的神经和身体，微小的“人”或“企业”为单位的个体已经无法摆脱媒体而置身方外。

如今，媒体种类的增长趋势非常快速，而且范围非常广，用“无孔不入”来说一点也不过分。可以说，只要存在可以“听”“看”“感受”“触摸”等意念影响或者音像传播的环境，都可以有媒体的存在。

新媒体与传统媒体融合，产生了数字杂志、数字报纸、数字广播、数字电视、数字电影等多种形式产品。通信方面也实现了与新媒体的融合，如手机短信、移动电视、宽带网络等，从而大大拓展了媒体产品的传播渠道。

借助渠道的拓展，新媒体依托网络强大的搜索引擎，就可以向用户提供“链接服务”；通过“卖”这种链接与关键词，新媒体企业就能获得广告、股票等赢利。

比如，云媒体电视的数字电视机顶盒不仅是用户终端，也是网络终端，不仅能使模拟电视机从被动接收模拟电视转向交互式数字、电视，还能接入因特网，使用户享受电视、数据、语言等全方位的信息服务。更重要的是，云媒体电视依托电视互联网这一强大的搜索引擎，实现了节目的点播。

互联网通过一定的技术手段将互联网内容抓取到本地，经过自动格式转换、两级审核审查后，就会通过电视供用户高速浏览访问，内容可管可控、用户操作行为可以追溯；有了云媒体的云共享技术，就可以实现传统媒体与网络媒体资源的共享，实现“三网融合”。

3. 做免费，卖服务

新媒体产品在开始的时候都是“免费”的，可是却并不意味着真正的免费，里面，还有一些对产品外的优质服务的收费。

今天，在新媒体营销中，免费与收费混合模式屡见不鲜。比如，360杀毒软件提供免费下载、杀毒服务，可是后期专家杀毒等服务却是收费的。

4. 赚关注，得收益

微博主要应用的是这样一种原理——“圈人即圈钱”。一旦加入其中，不仅会体验到微博的乐趣，还可以通过“加好友”联系到身边的很多人。

当受众人数庞大起来时，微博就可以进行活动推广了，比如，可以宣传品牌，可以插入软广告，可以包装明星等，继而形成“一呼百应”的模式，不知不觉中也就赚了钱。

5. 做体验，卖升级

资料显示，江苏有线的云媒体电视不仅用到云计算技术，还用到当前比较新的“体验技术”，主要包含三方面技术：

一是界面技术。通过界面创新，让电视更贴近老百姓，使电视的使用更加简单。

二是智能技术。让电视代替人思考，做智能电视，让电视知道用户的喜好，成为“聪明”的电视。

三是贯穿全程的以用户体验为核心的设计方法。收集2000名体验用户的反馈，是江苏有线应用体验技术的一个阶段。

第九章

商业模式的价值链打造

每一个企业都是在设计、生产、销售、发送和辅助其产品的过程中进行种种活动的。所有这些活动可以用一个价值链来表明。

——哈佛大学商学院教授　迈克尔·波特

核心能力跟赢利能力成正比

价值链是在一个特定行业、企业或业务领域内产生价值的各项关键活动的有序组合，通过这些关键活动的开展，才能够使企业业务领域得以有效运营。通过价值链分析，就可以对某个业务领域的关键活动进行透彻了解，抓住这些特定领域的运行本质，提炼出独特的商业模式。

竞争力的强弱是一个相对概念，比如，对于美国零售巨头沃尔玛来说，质量和低价都很关键。可是从核心竞争力的角度来说，只有价格才是沃尔玛的核心竞争力。并不是沃尔玛不重视质量，而是因为质量只是其一个普通竞争力，它的核心竞争力只在一个点上体现——价格最低。

所谓核心竞争力，就是指在某一个时间段内企业能够拥有，而竞争对手却没有的资源、能力、优势等。如果企业有，竞争对手也有，那就不是核心竞争力，只是普通竞争力。

研究发现，在大自然中能够存活的动物虽然具有很多特长，可是往往只有一个特长是最关键的，这一特长确定了它在自然界的地位。世界上的一些优秀企业都有核心竞争力的准确定位，如果什么都涉足，可是什么都不精，结果就是每一项都比不过对手。所以说，每个企业都必须拥有核心竞争力。

一言以蔽之，核心竞争力是对手短期内无法模仿的、企业长久拥有的、使企业稳定发展的竞争优势。核心竞争力来自哪里？通常来说，要想构建一个企业的核心竞争力，就要做到下列几个方面。

1. 企业的规范化管理

企业的规范化管理是基础竞争力的管理，如果企业“两低一高”，基础管理差、管理混乱，就会使企业的成本居高不下。因此，要想提高竞争力，首先就要进行规范化管理。

2. 对资源竞争进行分析

通过资源竞争分析，可以明确企业有哪些有价值的资源用于构建核心竞争力，以及如果有，具体应该怎样运用。

3. 竞争对手分析

对竞争对手的分析能够让企业知道自己的优势和劣势，企业不仅平时要留意收集竞争对手的信息和市场信息，还要及时掌握对手的动态。

4. 市场竞争分析

对市场的理解直接影响到企业的战略决策，如果对市场把握不准，就会给企业带来很大的危机。

20 世纪 50 年代，王安电脑公司曾经红火一时，最后却倒闭了，其中一个主要原因就是当年的王安对市场的评估出现了战略性的错误。当时，王安认为，在未来的 3 ~5 年内国际电脑市场会以小型机和中型机为基础，而不是家庭个人电脑，可是事实恰恰相反！家庭个人电脑成了电脑市场的主流。由于对市场的理解出现了错误，公司的战略也随之出现偏差，而竞争对手却把握住了时机，因此王安电脑公司被挤出了市场。

5. 无差异竞争

所谓无差异竞争，是指企业在其他方面都不重视，只强调一项——价格，也就是打价格战。很多企业都经常使用这种竞争方法，可是，事实上世界一些有实力、有基础的大企业都不会轻易使用这一方法。

6. 差异化竞争

所谓差异化竞争，是指企业不依靠价格战，而是另辟蹊径、出奇制胜。

海尔集团的成功主要是靠差异化竞争，在其他企业大打价格战的时候，海尔却强调服务。有一个老太太购买了海尔空调，送货的人利用送货的时机把空调给偷走了。本来空调已经售出，按照中国的惯例，货物出门，概不负责，海尔不需承担责任，可是海尔却主动赔偿了老太太一部空调，还派人专门送去，并由此引发了"无搬运运动"——客户购买海尔的产品，海尔主动送货。

海尔的电视、冰箱、空调等产品品质可能都算不上顶级，可是它的服务创新意识、差异化精神是最好的，客户购买海尔的产品正是看重这一点。

7. 标杆竞争

所谓标杆竞争，就是找到自己不如竞争对手的地方，在超越竞争对手的时候设立标杆，每跳过一个标杆之后，再设一个新的标杆，督促自己不断进步。

当年，美国有一家公司不如它的主要竞争对手——日本的一家公司，于是该公司就派人去日本公司学习。回来后，他们做了总结：该公司一共有 147 个地方做得不如对方。于是，公司把这 147 个点分为若干部分，包括研发、生产、品控、销售等；在每个大模块中又设置标杆，一个标杆超越后，再设一个新的标杆。

使用这种方法，该公司在两年之后就超越了竞争对手，这家公司就是惠普。

8. 人力资源的竞争

人力资源的竞争直接关系到企业的核心竞争力，尤其是在21世纪，人才是最重要的，企业必须重视人才、培养人才、留住人才。

当年，好利来公司在大规模的扩展过程中，曾经出现过管理混乱的现象。为了解决这个问题，好利来制定了一个明确的战略——首先培养人才，主要培养两种人才：店长和做饼师傅。通过人力资源的竞争，2004年好利来在全国拥有了600家分店。

发现自我不同的核心竞争能力

每个成功的企业都有自己的核心竞争力，正是因为有了核心竞争力的存在，企业才能长盛不倒！在打造价值链的过程中，也要发现自我不同的核心竞争力。

核心竞争力是企业竞争力形成的基础和前提条件，主要是由企业自身所拥有的竞争优势所决定的。在企业的发展过程中，在产出规模、组织结构、劳动效率、品牌、产品质量、信誉、新产品开发，以及管理和营销技术等方面，都会有自己的各种有利条件，要想让自己具备一定的竞争优势，就要将这些有利条件构成一个整体。

1. 企业竞争优势的类型

概括起来，企业的竞争优势一共有五种类型：

• 成本优势——是降低成本的原因和条件，能够使企业更廉价地提供产品（服务）；

• 增值优势——能够使企业创造出更吸引人的产品（服务）；

• 聚焦优势——能够使企业更恰当地满足特定顾客群体的需求；

• 速度优势——能够使企业比竞争对手更及时地满足顾客的需求；

• 机动优势——能够使企业比竞争对手更快地适应变化的需求。

2. 打造独特的竞争优势

在市场经济竞争浪潮中，竞争优势是企业提高经营绩效的核心。今天，市场竞争越来越激烈，要想在竞争中生存和发展，企业必须通过坚持不懈的努力，打造出自己独特的竞争优势。如何实现这一点呢？

（1）根本——培育和发展核心能力

核心能力是某一组织内部一系列互补的技能和知识的结合，可以使一项或多项业务达到竞争领域一流水平。一般来说，核心能力具有如下特征：

• 独特性——企业所特有的，难以被其他企业所轻易模仿。

• 可延展性——可以使企业进入各相关领域参与竞争。

• 可持续发展性——可以随着环境的不断变化而变化。

根据核心能力的这些基本特征，企业要想培育和发展核心能力就要从以下几个方面着手：

①集中企业资源从事某一领域的专业化经营，逐步形成自己在经营管理、技术、产品、销售等方面与同行的差异。

②将核心能力定位在价值链上的“战略环节”。企业进行的经营活动，并不是每个环节都创造价值，要想打造自己的竞争优势，就要在某些最能创造价值的战略环节上下功夫，这才是最重要的！

③积极打造人力资本。企业核心能力对人才有高度的依赖性，必须高度重视培育和积蓄企业的管理、专业技术、市场开发等人才。

（2）关键——品牌的创立与培育

成功的企业通常都把品牌开发视为企业的生命，在知识经济条件下，进行品牌建设的时候就要突出以下一些要素（见下表）：

进行品牌建设时要突出的要素

要　素	说　　明
品牌特色	产品的品牌如果没有深层、明确、具体的内涵和个性，是很难使消费者接触品牌时产生应有的联想的。要想提高品牌的知名度和市场占有率，就要以独特的形象和价值来赢得消费者的好感和认同。企业在选择市场时，不仅要注意产品差别化，还要设计和创造出与市场同类产品有明显差异、有自身特色和竞争优势的产品
品牌忠诚度	竞争中，产品会不时面临替代品的挑战、潜在进入者的挑战、竞争对手的挑战。因此，企业必须拥有一批忠实的顾客，如此才能保证企业具备独特的营销竞争力。为此，企业要努力提高自己产品品牌的忠诚度，如始终保持高质量等
品牌的文化含量	事实证明，品牌的文化底蕴越丰富，越与人们的思想、情感有关，就越具有魅力。因此，企业对商品的构思、设计、造型、商标、广告等方面都要赋予一定的文化特色

（3）重要——率先进入市场

进入市场的先后次序对企业产品占领市场份额和分享市场权力具有重大影响。领先者不仅可以获得在许多领域内按有利于自己的原则确定竞争规则的机会，还可以树立起行业开拓者的形象。那么，如何才能领先一步呢？

首先，要重视市场调研，正确预测未来。如果能够正确预测未来，企业就获得了充分的时间来把握机会，就会获得最先进入该市场的先发优势。

其次，快速实施决策。而且一旦做出决策，就要快速行动；否则，任何迟疑都有可能导致与机会失之交臂。

最后，提高产出速度。必须依靠内部和外部的力量来努力提高产品的产出速度。从内部，可以实施新的制造流程，并利用信息系统使内部运作自动化等；从外部，可以采取战略联盟、资源外取和实现内外资源的优势互补等方式，使企业提高生产效率等。

（4）源泉——创新

当今世界，在信息化背景下，创新的作用得到空前强化。创新，是企业永葆竞争优势的生命源泉。经济学家认为，创新是一种赋予资源以新的创造财富能力的行为。

企业创新包括很多方面，其中人力资本是核心，技术创新是重点。企业之间的竞争，最直观的体现是企业产品间的竞争。企业只有快速适应消费者需求的变化，不断推出更新换代的优质产品，才能获得竞争优势；而产品的创新则需要依靠技术的创新来推动，我国海尔等企业成功的关键之处，就在于他们形成了以技术创新为基础的核心竞争能力。

找到并强化自我的关键资源

今天，很多企业老总对企业的关键资源能力表示迷茫，无法将企业最精髓的一部分划分出来。为了保持持续的竞争优势，企业必须不断地预测并培育新的关键资源，保持其市场竞争优势。

福记集团是国内最大的送餐服务供货商，主要为客户提供送餐方案和优质食品。送餐服务的特点是客户相对集中、送餐量大、菜式变化大，基于这种特点，送餐服务行业需要有高效的集中能力，即集中能力是此行业的关键资源能力。

福记集团也是从这一特点出发，采用中央化战略——中央化采购和中央化加工。中央化采购整合上游资源，压低采购原料的价格，并建立长期的供货关系；中央化加工，保证产品的质量、标准和食品安全。

特许店由于比较分散，一般很难做到中央化加工，但福记集团同样是用标准化和简单化来经营，一举攻了下国内市场。

关键资源能力是一个企业发展的支撑点，每个企业都有自己的目标客户，我们用什么来满足他们的需求？用自己最有价值的能力来实现客户的价值。

近些年品牌运动服装又来一个后起之秀——“Under Armour”，在美国堪称“下一个 NIKE”。对于一个后来者进攻强势市场本来是一件不容易事，可是它却做到了。

作为运动方面的公司，最需要拥有的关键资源能力是品牌，怎样成就品牌比品牌本身更重要——如何找到成就品牌这个关键资源能力背后的关键资源能力更重要。运动服装需要具备良好的设计和运动功能，并以品牌为支撑。

该公司从紧身衣这个行业空隙出发，选择运动紧身衣无疑将产品定位于高技术含量，因此该公司的产品设计部门和产品营销部门占主导地位，这便是“Under Armour”的关键资源能力所在，以产品设计锁定客户需求，以市场营销刺激客户需求，凭此该公司迅速成长，在运动品牌中占领了一席之地。

不同的商业模式拥有不同的关键资源能力，也许我们每个企业都拥有重要的资源能力，问题是这些资源能力是否能有效地控制并运用其他资源呢？这关系着企业未来的成长！

企业的关键资源，是指企业拥有的那些对其具体业务保持持续性的竞争优势、至关重要的基于能力的资源。企业的关键资源既可以是物质性的，如企业的个别高技术含量的关键设备，也可以是非物质性的，如企业的人力资源以及科学的管理制度。可是，无论是哪种，这些资源只有在与企业某种扩张后的能力相匹配时，才能达到预期的效果并获得超出平均水平的收益。

企业的关键资源，有下列五个基本特征：

• 企业竞争优势的源泉。

• 垄断性。关键资源是稀缺资源，其垄断性是企业获取超额利润的基本条件；其垄断性越强，企业的竞争优势就越大，垄断性持续越长，企业获取利润的时间就越久。

• 相对性。其特色和重要性程度是相对一定时期、一定技术水平之下、一定范围内的竞争对手而言的，不是绝对的。

• 动态性。其价值地位是随市场竞争及企业目标的变化而发生转变的，既可能提高，也可能下降，具有动态性变化特征，不可能一劳永逸。

• 来源多向性。它的来源是多渠道的，既可以从外部采用纵向或横向联合的方式获取，也可以从内部采取直接的方式或间接获得，获取渠道和方式具有多样化特征。

不可或缺的公信力

企业的公信力是企业生存的重要保证，企业的管理者必须充分认识到这一点。无论是对消费者，还是合作者、监管者，不坚持诚信的原则，可能会得利于一时一地，但终究是不能长久的。企业的经营战略、发展战略、品牌战略，依靠的都是长期的诚信行为。

所谓消费者信任，就是消费者长期以来所形成的对某企业的产品（服务）的一种消费偏好，使消费者不管从认知、感情还是最终选择上都青睐于此。

按照科学的解释，公信力是使公众信任的力量，指为某一件事进行报告、解释和辩护的责任，为自己的行为负责任，并接受质询。公信力既是一种社会系统信任，也是公共权威的真实表达，属政治伦理范畴。

一个生产企业的公信力在于对产品认真负责的态度，对于公众的利益维护的责任，对于公众提出质疑时第一时间为自己解释和辩护的责任。在社会公共生活中，一旦失去了公信力，一个企业就会在瞬间垮掉。

最近几年，企业和商业界发生了不少违背诚信，甚至很多触及底线等的事件和问题。从管理的角度来看，这种做法就是一种急功近利的机会主义。

2011 年，就餐饮业而言，是“勾兑”年，在海底捞之前，肯德基、味千拉面、永和豆浆、山西醋等；在海底捞之后，东来顺集团的“现榨果汁伴侣”是“勾兑”出来的消息就迫不及待地蹦了出来。

去过海底捞的顾客都会倾倒于其完善的服务和环境设施，而那本雄踞畅销书前列的《海底捞，你学不会》的书更是为其推波助澜，但一则“海底捞骨头汤和饮料是勾兑的”网帖到处流传，似乎阻碍了“海底捞”的脚步。

据媒体报道，知名火锅连锁店海底捞的骨头汤以及饮料，包括柠檬水和酸梅汤等，均是冲兑而成的，而且新员工培训时，培训老师会特别提醒，“虽然我们的骨头汤是各种料兑的，但是你一定不能这么和客人说”，并教授员工如何回避向客人回答汤料以及饮料的成分。上述报道还提到，除了汤底和饮料系勾兑而成外，海底捞还存在肉类不称重等问题。

《海底捞，你学不会》一书传递了海底捞服务的真诚和善意，但看海底捞在“勾兑门”事件后的表现，人们却对其危机公关深表怀疑：海底捞说，勾兑也是符合标准的。它说的也是，反正一时也不会吃死人，但这和它所宣传的却南辕北辙。

对消费者来说，服务员如花般绽放的微笑背后，是欺骗，是勾兑了的骨头白汤、柠檬水……是勾兑了的热情和服务，目的只是为了掏顾客的钱包。这些都是社会公共群体对生产企业提出的质疑，而这个时候，作为企业就应该及时认真地对待质疑，不要存有隐瞒事实、维护自己利益的思想。要在事实的基础上，反思自己企业发生的问题，及时把问题通报给社会群体。这也是继续建立公信力唯一的方法。

眼下，很多知名企业出现了消费者信任危机。上海市消费者权益保护委员会的一项调查显示：57.3%的消费者对保健食品广告不相信或半信半疑；还有调查表明：中国消费者对食品安全信任度低于50%。

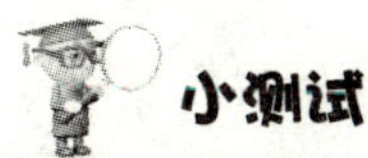

作为领导者，你是否善于建立消费者信任

1. 建立信任就是要向消费者发出一些“诚信”的信号。(　　)

A. 是的，因此广告中的“夸张”看起来很逼真。

B. 我不避讳把广告夸大。

C. 我更希望通过服务提高消费者满意度。

2. 你会培育诚信的企业文化吗？(　　)

A. 是的，我倡导诚信是生存之本的价值观，也尽量这样做。

B. 企业需要诚信，但我还没能付诸行动。

C. 我还没这个打算。

3. 诚信是否需要由事物的重要性来决定？(　　)

A. 是的，重要的事才需要讲诚信，不重要的可以马马虎虎。

B. 多少会根据事情的重要性而定。

C. 不，无论何事你都要坚持诚信。

4. 你是否会主动增加企业透明度，建立负责任、可以依赖的企业公民形象？(　　)

A. 是的。

B. 有所考虑。

C. 还没有考虑。

5. 对“建立消费者的信任，只要从消费者角度着手就可以”的说法，你是怎么看的？（　　）

A. 赞成，没必要在其他环节浪费精力。

B. 比较赞成，消费者最重要。

C. 不完全赞成，企业同时要对供应商、分销商讲诚信。

6. 你是否认为建立信任要从企业的每一个系统、每一项活动、每一个员工出发？（　　）

A. 完全赞成。

B. 我更多地关注消费者，较少关注内部信任。

C. 基本没有关心过企业内部的信任管理。

7. 关于产品的质量控制，你是怎么看的？（　　）

A. 关键在广告营销，产品质量不重要。

B. 质量正常、不出大问题就可以。

C. 我非常在意产品品质，并不断改进。

8. 你是否经常与消费者进行交流沟通？（　　）

A. 是的，我会让消费者提出建议、参与管理。

B. 我希望诱导消费者，交流比较少。

C. 基本不交流。

9. 对于产品的服务营销，你是怎么看的？（　　）

A. 重点不在这里，我喜欢用广告造势。

B. 我会考虑加强服务。

C. 面对消费者对广告的质疑，我会提高服务质量。

10. 当品牌建设的过程中出现问题时，你是怎么处理的？（　　）

A. 我倡导有错就改，反应及时。

B. 较慢地解决问题。

C. 不肯承认错误，因为纠正错误会影响企业声誉。

计算方法：

单数题选 A 得 1 分，选 B 得 2 分，选 C 得 3 分；

双数题选 A 得 3 分，选 B 得 2 分，选 C 得 1 分。

最后，将分数加总。

测评结果：

24～30 分：你比较重视诚信，很在意消费者对企业的信任。你从长远的角度来考虑企业发展，考虑内外细节，企业给人可靠的印象，在消费者中有好的口碑。

17～23 分：消费者的信任不是一朝一夕可以建立的，但要产生不信任感，一件事就足够。因此对于你来说，想做得更加完美，就要在企业中建立诚信的文化，加强与消费者沟通。

10～16 分：你存有一定的侥幸心理，只为赚钱，对建立消费者信任这一块的关注与投入很少。但无论你的企业处在生命周期的哪个阶段，为了永续经营，你都需要尽快建立消费者信任。

将创新形成习惯

商业模式的本质是什么？是价值链。价值链是企业运营过程中一系列关键活动的组合，而企业的运营过程就是由若干条不同的价值链所组成的。通过对价值链的分析，我们不仅可以看到企业整体的价值是如何体现的，更可以看到企业内部每一项关键活动的价值。

2005 年，娃哈哈“营养快线”在市场上攻城略地，仅用两年时间，销售规模就超过了 20 亿元，占据了“牛奶＋果汁”这个细分饮料品类的第一把交椅。

实际上，第一款上市的牛奶果汁复合饮料并非“营养快线”，而是当时河北小洋人集团出品的“妙恋乳”，只不过其销售区域主要集中在华北市场，并没有在全国市场进行扩张。娃哈哈进入这一品类后，凭借雄厚的经济实力以及强大的渠道网络，迅速超越了小洋人。这引发了我们的思考，差异化在什么情况下才有效？

尽管小洋人开创了牛奶复合饮料之先河，但当娃哈哈凭借同样的产品异军突起时，小洋人却无法进行有效的阻击。这就表明小洋人仅靠产品的差异化，根本无法撼动娃哈哈的价值链优势。

许多管理者都希望找到改善创新的良方，而市场上也不缺改善创新的高见，可是，就像最强力的止痛剂也治不好骨折一样，简单地引进最流行的管理方法也不可能触及产生问题的根源。要想真正解决问题，公司必须剖析现有的创新流程，准确地找出自己面临的具体困难，进而寻找解决的方法。

创新价值链框架要求管理者把从创意转化为商业产品的这个过程视为一个完整的活动流，它分三个阶段。第一个阶段是创意的产生。创意可以在公司某个业务单元内部、不同业务部门之间或者在公司外部产生。第二个阶段是创意的转化，更具体地说，就是筛选出值得投资的创意，把它们开发成产品或者服务。第三个阶段是推广这些产品和方法。

按照薄弱环节的不同，企业通常可以分为以下三大类，不同的类别实现创新的方法也是不同的。

1. 创意薄弱型

这类公司投入大量的时间和资金开发和推广平庸的创意，因此获得的也是平庸的产品和财务回报。

对于创意薄弱型企业，可以采取这样两种方法：一是建立外部网络；二是建立跨部门的内部网络。建立外部网络有两种完全不同的方法，分别满足不同的目的：第一种方法是建立一个解决方案，用以解答某些具体的问题，比如宝洁和礼来制药建立的主要就是这种网络。第二种方法是建立一个信息搜索网络，在更加广泛的技术和产品领域内寻找创意，比如西门子和财捷公司就是这样做的。另外，笔者还建议在公司内建立跨部门的网络，作为从公司外部搜求创意的补充。

2. 转化薄弱型

这类公司拥有无数好创意，可是管理者没有对它们进行合理的筛选和开发，导致许多创意过早夭折。

对于转化薄弱型企业可以采用这样两种方法：一是多渠道投资，比如在公司内部设立小额的种子基金，甚至建立完全自主的风险投资基金公司，这样人们就不用再依靠老板直接拍板，而可以从其他渠道获取资金了；二是设立安全港，庇护新的业务，使它们免受短期思维和预算限制的不利影响。

3. 推广薄弱型

这类公司不能把好的创意变成钱。

对于推广薄弱型公司，要想加强推广力度的方法，就要派遣“创意传道者”，针对一种新产品或者一项新业务的好处进行宣传。最出色的传道者会不遗余力地使用他们的私人网络，借助电话、电子邮件、销售拜访和会议等多种形式，让公司更多的员工了解并且接受这一新产品或者新业务。

管理者若能针对需要解决的问题找出有效的方案，假以时日，创新价值链上的薄弱环节就能成为优势环节。同时，管理者还须根据链上各个环节具体目标，构建新的关键绩效指标。

创新价值链是一个定制化、系统化的框架，你可以用它来评估公司开展创新的成效，并选择最合适的改进方法。这个框架还可以帮助管理者成功地推出新产品（服务），更重要的是，可以帮助他们通过投资创新给公司带来理想的收益。

第十章

以占止战，打造自我的蓝海领域

运用蓝海战略，视线将超越竞争对手移向买方需求，跨越现有竞争边界，将不同市场的买方价值元素筛选并重新排序，从给定结构下的定位选择向改变市场结构本身转变。

——《蓝海战略》

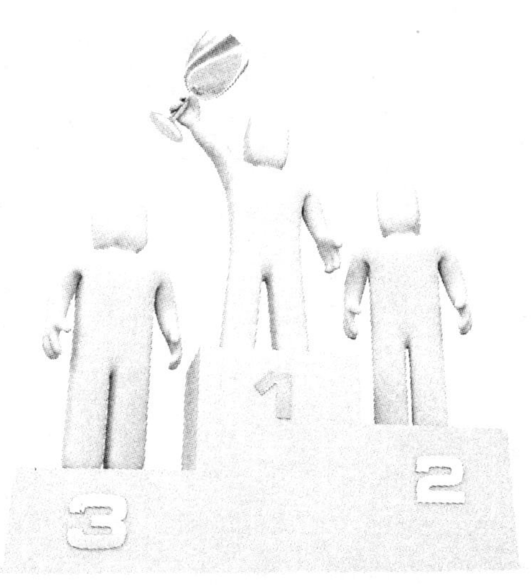

企业的强大与否不在于资金是否雄厚，而在于资源是否足够多

资源是公司成长的基础，如果缺乏优质资源，企业是很难获得生存和发展的。如果企业不了解自己的资源构成，也就做不到知己知彼，根本不可能在竞争中取胜；相反，如果对自己的资源构成、竞争者的资源构成都非常清楚，就能够准确地对各种形势做出判断，从而立于不败之地。从这个意义上来说，企业的强大与否不在于资金是否雄厚，而在于资源是否足够多。

通常来说，企业资源包括三大类：企业有形资产、企业无形资产和企业人力资源与组织能力。

企业有形资产，是指可以在公司资产负债表上体现的资产，如房地产、生产设备、原材料等。

企业无形资产，包括公司的声望、品牌、文化、技术知识、专利、商标，以及各种日积月累的知识和经验。在使用中无形资产不会被消耗，相反，正确地运用还会升值。无形资产往往是公司竞争优势的基础。迪士尼最重要的无形资产便是迪士尼的品牌、米老鼠和唐老鸭的形象等。

企业人力资源与组织能力，是资产与管理因素的现实的、复杂的结合。其评价指标有更快、更敏捷、更高的质量等。它可以体现在精益制造、高质量生产、对市场的快速反应等方面。例如迪士尼认为，合作精神和能力是其取胜的重要组织能力。

要想做好企业的战略管理工作，就必须清楚企业的资源，知道自己的优势和劣势所在，努力聚集优势资源，推动企业不断向着更高的目标前进。企业的发展离不开资源的整合。

1. 有形资源

有形资源主要包括财务资源和实物资源，它们是企业经营管理活动的基础，一般都可以通过会计方式来计算其价值。

(1) 财务资源

财务资源是企业物质要素和非物质要素的货币体现，具体表现为已经发生的能用会计方式记录在账的、能以货币计量的各种经济资源，包括资金、债权和其他权利。财务资源既包括静态规模的大小，也包括动态周转状况，在一定程度上还包括企业获取和驾驭这些资源要素的能力和水平。

财务报表是反映企业财务资源状况的工具。在企业财务资源系统中，最主要的资源是资金。财务资源是企业业务能力的经济基础，也是其他资源形成和发展的基础条件。

(2) 实物资源

实物资源指的是在使用过程中具有物质形态的固定资产，如工厂车间、机器设备、工具器具、生产资料、土地、房屋等各种企业财产。

在传统工业中，固定资产是企业资源系统的重要组成部分，是衡量一个企业实力大小的重要标志。大多数固定资产的单位价值一般都比较大，使用年限较长，物质形态较强，流动能力较差，其价值一般都能显示出边际收益递减规律的一般特性。

2. 无形资源

无形资源主要包括时空资源、技术资源、信息资源、品牌资源、文化资源、管理资源和人力资源等。相对于有形资源来说，无形资源似乎没有明显的物质载体，但它们却成为支撑企业发展的基础，能够为企业带来无可比拟的优势。

（1）时空资源

时空资源指企业在市场上可以利用的、作为公共资源的经济时间和经济空间。

时间资源，也叫经济时间，是指人类劳动直接或间接开发和利用的自然时间或日历时间。

空间资源，也叫经济空间，是指人类劳动直接改造和利用的、承接现实经济要素运行的自然空间。“时间就是金钱”“天时不如地利”等格言，分别说明了时间资源和空间资源的重要性。

（2）技术资源

广义的技术资源包括形成产品的直接技术和间接技术，以及生产工艺技术、设备维修技术、财务管理技术、生产经营的管理技能。

此外，技术资源还应包括：市场活动的技能、信息搜集和分析技术、市场营销方法、策划技能以及谈判推销技能等市场发展的技术。技术资源是决定企业业务成果的重要因素，要想将其效力最大化地发挥出来，需要依托于一定水平的财力和物力资源。

（3）信息资源

信息资源是指客观世界和主观世界的一切事物的运动状态和变化方式，以及其内在含义和效用价值。企业的信息资源通常由企业内部资料、外部各种与企业经营有关的情报资料两部分组成。

信息资源在企业的资源结构中起着支持和参照作用，具有普遍性、共享性、增值性、可处理性和多效用性等特征。“知彼知己，百战不殆”就是运用信息资源使整体资源增值的最好诠释。

（4）品牌资源

品牌资源是指由一系列表明企业或企业产品身份的无形因素所组成的资源，可以细分为三类：产品品牌、服务品牌和企业品牌。

品牌资源尤其是成为驰名商标的品牌（又称名牌）对于企业经营的成

败发挥着重要的作用。名牌对企业维系顾客忠诚、开拓新市场、推广新的产品等方面具有无可比拟的优势。

（5）文化资源

文化资源是指由企业形象、企业声誉、企业凝聚力、组织士气、管理风格等一系列具有文化特征的无形因素构成的一项重要资源。

与有形资源相比，文化资源缺乏直接的数量化特征，没有一个客观数据基础，是以一系列社会形象或文化形象的形式存在于评价者心中的，与其载体密不可分。

文化资源的形成与发展是其他资源效力发挥的累积结果，可以迁移到被兼并或被控股的公司和新成立的企业中，企业形象、品牌信誉等还可以从原来产品转移到新产品中。

（6）管理资源

管理资源是对企业资源进行有效整合以达到企业既定目标与责任的动态创造性活动，是企业众多资源效力发挥的整合剂。

管理资源是企业一项非常重要的资源要素，直接影响乃至决定着企业资源整体效力发挥的水平。管理资源主要包括企业管理制度、组织机构、企业管理策略。

（7）人力资源

人力资源是指存在于企业组织系统内部和可以利用的外部人员的总和，包括这些人的体力、智力、人际关系、心理特征，以及其知识经验的总汇。它是企业资源结构中最重要的关键资源，是企业技术资源和信息资源的载体，是其他资源的操作者，决定着所有资源效力的发挥水平。

人力资源是有形与无形的统一资源：一方面，人力资源表现为一定的物质存在——人员的数量；另一方面，表现为这些员工内在的体力、智力、人际关系、知识经验和心理特征等无形素质。

3. 市场资源

市场资源都是不为企业所拥有或控制的，可以在市场中存在，凭借企业强大的竞争实力、独特的经营策略技巧和广泛的关系网络可以为自己所用。在现代经济中，凡是具有经济效益和功能的市场交易都有价值，一般来说，市场资源主要有下列几种：

（1）关系资源

关系资源是因为与顾客、政府、社区、金融机构等个人或组织之间良好的关系而获得的，可以被充分利用，存在于企业外部。

其中，特别应该受到重视的是客户关系资源。企业只有与客户建立起长期良好的合作关系才能建立起顾客的忠诚，如此客户也会成为企业经营中获取强大竞争优势的一项重要资源。

（2）杠杆资源

杠杆资源虽然不属于企业所有，可是企业可以通过代工生产、特许经营、加盟连锁、虚拟经营等方式为我所用。代工生产、特许经营、加盟连锁等方式往往可以以较少的投入撬动较多资源为自己的经营服务，这种资源的利用方式与物理学上的杠杆原理非常相似。

（3）社会资源

社会资源一般都是在社会中可以供自己利用，能为企业自身带来优势或经营帮助的事件或人物，尤其是现实社会中的名人、名物和各种有影响的事件。现实经营中，许多企业不惜重金聘请各种名人为自己题词或者做宣传活动，就是利用社会资源的典型例子。

（4）历史文化资源

历史文化资源指的是各种历史名人、历史故事和文化传说等广泛存在于社会之中的文化资源。其中，关键在于要先人一步发掘和加以运用。有时候，历史文化资源就是由企业自身所杜撰出来的一些具有一定正面影响的神话文学故事等。

（5）其他市场资源

除了上面的一些资源外，还有一些可以为企业利用，并形成一定竞争优势或者为企业带来支持、帮助和利益的各种东西。机会无所不在，经营者只要开阔眼界，善动脑筋，许多看上去原本毫无价值的东西也可以为我所用，比如垃圾，在废品收购公司也可以变废为宝。

避免抢位，不断强化、强大企业在行业中的位置

企业要发展就必须进步，否则根本没有前途可言。一个企业的成长，关键看他的进步情况，不能满足现状，不能停滞不前。如果想避免抢位，就要不断强化、强大自己在行业中的位置。

星巴克是美国一家连锁咖啡公司的名称，1971 年成立，为全球最大的咖啡连锁店，其总部坐落于美国华盛顿州西雅图市。作为公认的当今最成功、最令人称赞的公司，星巴克在43 年内从西雅图的一家小咖啡店发展到现在，已经在美国拥有 5945 家分店，在其他 28 个国家拥有共 2392 家分店。

从一杯杯咖啡开始，星巴克已经改变了世界各地人们喝咖啡的习惯。更了不起的是，它让一种沿街叫卖的商品变成了高档产品。它开创了一种星巴克式的生活方式，这种生活方式在美国内外都正被越来越多的人所接受。

关于星巴克，这个从小做起、志向远大并最终成长为大型跨国企业的公司，有一些东西值得你学习。现在就让我们来看看它是如何发展壮大起来的。

1. 从良好的经营理念开始

星巴克之所以取得极大的成功，是因为其前所未有的投资理念：将咖啡馆打造成社交场所。咖啡馆不再只是喝杯美味咖啡的去处，而是社交和谈天论地的场所，尤其为学生和年轻的城市职场人员所青睐。星巴克既提供了相关服务，却又与众不同。它让一种不起眼的产品变成了顾客们乐意接受的非常体验。

2. 志向远大

星巴克 1971 年在西雅图的派克市场开了第一家店。当时公司规模很小，但创业初期就有远大的抱负。公司 1982 年公开上市，离最初创办已有 10 年。起步时虽不起眼，公司现在已占有了专业咖啡市场的 40%，并且这方面的预期增长让其有进一步增长拓展的大量机会。可以说，星巴克才刚刚开始其独霸全球的步伐。

3. 打破常规思维

星巴克的优点在于其发现机会的能力，有时甚至不惜违背零售规律。星巴克超常规思维的能力是其他发展壮大的小型企业所共有的特点。星巴克对各个分店的选址从不遵循零售业的金科玉律，不是单单注重人口、交通、竞争对手的位置甚或各分店的间隔；相反，它会在选定的区域集中开店，让星巴克的分店到处可见。传统的零售思维反对个分店集中分布，因为这样会减少现有分店的销售量。

4. 选对合作伙伴

星巴克的经历证明，即使是大公司也需要别人的帮助来达成自己的目标。实际上，星巴克成功的一个主要原因就是其战略伙伴关系。1993 年，公司与美国巴诺连锁书店联手向书店顾客推出了咖啡产品。为进一步在书店市场立足，星巴克 1995 年与加拿大连锁书店 Chapters 公司达成合作关系。

1996 年，星巴克与百事可乐公司建立了合资企业北美咖啡联合公司，销售罐装的星巴克星冰乐混合咖啡饮料。同年，星巴克又与美国最大的冰淇淋生产商 Dreyer's Grand Ice Cream 联手推出了星巴克冰淇淋和星巴克冰淇淋棒，很快成了美国销售最火爆的冰淇淋。2001 年，又与凯悦饭店达成伙伴关系。

通过与适当的公司建立战略合作关系，星巴克才得以达成目标、开拓新市场并增长其底线。

5. 营造独特的体验

星巴克开创了一种独特的零售体验，怡人、舒适、轻松，让顾客向往并吸引其一再光顾。在星巴克的店里，有舒适的座椅、无线网络连接，甚至音乐也可以自己选择。星巴克 2001 年开始提供无线高速上网服务，以让学生、出差的商业人士、网上冲浪者在品尝心爱的咖啡时还能上网，使其有更愉悦的体验。

6. 强烈的梦想文化

星巴克的梦想是成为世界上最大的品牌，不过在朝着这个方向迈进的时候，作为其立命之根的个性化体验也不可以避免地面临动摇。在一些人看来，霍华德·舒尔茨有点杞人忧天。这位星巴克董事长兼首席全球战略官成功地创造了一个财富神话。了解了星巴克的成长之路，一定能够给各企业以启示。如果想在红海中占有自己的一席之地，不断发展，让自己变得强大起来，才是明智之举。

以占位点为圆心，逐步渗透到相关的领域

在企业的发展过程中，仅仅做自己的专业是不够的。把自己的固有品牌做好之后，要积极发展自己的思维，以占位点为中心，逐步渗透到相关的领域，积极实施多元化战略。

所谓多元化战略，又称多角化战略，是指企业同时经营两种以上基本经济用途不同的产品（服务）。多元化战略是相对于企业专业化经营来说的，其内容包括产品的多元化、市场的多元化，投资区域的多元化和资本的多元化。

1. 实施条件

是否要进行多元化经营，要根据企业的实际情况来确定，其中最主要的问题是企业多元化经营路径的选择。

一般来说，企业进行多元化经营可以实现以下目的：

一是拓展市场。可以为企业的增长提供新的载体。当企业原有的经营领域没有更大的赢利机会时，开辟一个新领域也就等于开辟了一个新天地。

二是把握机会。可以保证企业的经营有足够的灵活性。

三是规避风险。“把鸡蛋装在不同的篮子里”，可以保证企业总体赢利的稳定。

四是资源利用。可以使企业的优势资源得到共享，在资源利用上起到放大作用。

2. 战略决策

企业选择实施多元化经营的战略，这样的选择是没有错，如果出现了失误，也是在结果的选择上有错误。比如，企业不顾自身实力而强行进入新领域，企业错误地选择了新的进入领域。

企业选择进行多元化经营，应该遵从以下几条基本原则：

（1）确保已有的产业基础扎实

在选择多元化战略的时候，要问问自己：现有的产业做好了吗？利润稳定吗？有足够富余的精力和实力问鼎其他产业吗？如果回答是肯定的，就可以选择；否则，最好还是做好现有的产业。

（2）新旧产业不冲突

在回答完上面的问题之后，要问问自己：新业务是削弱原有核心产业，还是与原来的业务协调发展？如果新业务能与原来的业务协调发展，就继续回答下面的问题。

（3）新产业要能够进得去

这时候，要问问自己企业有能力掌握新产业关键经营因素吗？新旧产业有技术、营销、管理等方面的相似性吗？

（4）能够在新产业领域站得住

完成了上边三大问题的回答，接着要问问自己：企业有能力、有计划在新产业中实施管理创新、技术创新吗？有超越竞争对手的潜力吗？

如果企业的多元化经营更多的是着眼于进入，而对如何在进入一个产业后，尽快获得多方面的竞争优势没有准备，这样的贸然进入是非常危险的！

3. 战略选择

当企业确定要进行多元化经营时，企业进入哪一个新的领域，采用哪一种多元化经营发展战略，也是不能回避的问题。

企业战略是对企业长远发展方向、发展目标、发展业务和发展能力的选择和相关谋划，目的是为了解决企业发展问题，实现企业的长远发展。因此，战略选择的框架通常都包括四个方面：愿景、战略目标、业务战略和职能战略。

- 愿景的选择——发展方向。
- 战略目标的选择——包括发展型战略目标、维持型战略目标和收缩型战略目标。
- 业务战略的选择——包括产业战略、区域战略、客户战略和产品战略。
- 职能战略的选择——发展能力。

4. 战略实施

企业怎样进入新的经营领域呢？在进入新的经营领域过程中，企业要做好下面几件事：

（1）选择一个好时机

时机不成熟或错过了时机都会造成战略上的被动。进入过早，会因为企业准备不足而出现问题；进入过晚，会因为延误战机而导致进入失败。

（2）选择一个好领域

企业进入新的经营领域，要选择好要进入的领域。在新的领域内，还要选择好新的合作伙伴。如果合作企业风雨飘摇而我们又无力控制，必然会造成以后的分手而浪费企业发展的大好时机。

（3）选择一个好次序

企业在进入新的经营领域时，应该有一个周密而细致的计划。比如，先进入哪个产业？站稳后再进入哪个产业？

（4）选择一个好方式

企业进入新的经营领域有许多方式可以采用：是自己设立新企业，还是并购；是与其他企业结盟，还是控股或参股……任何一个决定都不是随意的，企业要根据自己发展战略目标的总体要求和企业自己的实际情况进行慎重决策。

5. 多元化战略的模式

企业多元化战略包括这样几种模式：横向多元化、多向多元化和复合多元化。

（1）横向多元化

横向多元化，也称水平多元化、专业多元化，是以现有的产品市场为中心，向水平方向扩展事业领域。

横向多元化的三种类型，如下表所示：

横向多元化的三种类型

类　型	说　明
市场开发型	以现有产品为基础，开发新市场
产品开发型	以现有市场为主要对象，开发与现有产品同类的产品
产品、市场开发型	以新开拓的市场为主要对象，开发新产品。这种战略是在原有的市场、产品基础上进行变革，产品凝聚力强，开发、生产、销售技术关联度大，管理变化不大，适合原有产品信誉高、市场广、发展潜力大的大型企业

（2）多向多元化

多向多元化指虽然与现有的产品、市场领域有些关系，可是通过开发完全异质的产品、市场来使事业领域多元化。这种多向多元化包括技术关系多元化、市场营销关系多元化、资源多元化三种类型。

技术关系多元化是指以现有事业领域中的研究技术或生产技术为基

础，以异质的市场为对象，开发异质产品。这种多元化利用了研究开发能力的相似性、原材料的共同性、设备的类似性，能够获得技术上的相乘效果，因此不仅有利于大量生产，在产品质量、生产成本方面也有竞争力。而且，各种产品之间的用途越是不同，多元化的效果越是明显。可是，在技术多元化的情况下，一般来说，销售渠道和促销方式是不同的，因此这种方式对于市场营销的竞争是非常不利的。一般来说，这种类型的多元化适合于技术密集度较高的行业中的大型企业。

市场营销关系多元化，是指以现有市场领域的营销活动为基础，打入不同的产品市场。这种多元化利用共同的销售渠道、共同的顾客、共同的促销方法、共同的企业形象和知名度，具有销售相乘的效果。可是，由于没有生产技术、设备和原材料等方面的相乘效果，不易适应企业的变化，也不易应付全体产品同时老化的风险。这种类型的多元化适合于技术密度不高、市场营销能力较强的企业。

资源多元化，是指以现有事业所拥有的物质基础为基础，打入异质产品、市场领域，求得资源的充分利用。

（3）复合多元化

所谓复合多元化，是指从与现有的事业领域没有明显关系的产品、市场中寻求成长机会，也就是说，企业所开拓的新事业与原有的产品、市场一点关系都没有，所需要的技术、经营方法、销售渠道等必须重新取得。

复合多元化可以划分为资金关系多元化、人才关系多元化、信用关系多元化、联合多元化四种类型：

①资金关系多元化。

指一般关系的资金往来单位随着融资或增资的发展，上升为协作单位。

②人才关系多元化。

当发现企业内部具有专利或特殊人才时，可以利用这种专利（技术）

发展新事业。

③信用关系多元化。

接受金融机关的委托，重建由于资本亏本濒临破产的企业或其他经营不力的企业。

④联合多元化。

为了从现在的事业领域中撤退或者发展为大型的事业，可以采用资本联合的方式进行多样化经营。

每一个成功企业都有着不可复制的模式

要想获得成功，企业需要付出多方的努力。每一个成功的企业都有自己的独有秘籍，每一个成功的企业都有着不可复制的商业模式。

现在让我们来列举几个比较成功的企业。

1. 返利网

返利网与百度或者其他 B2C 广告不同，最大的优势在于提高了商家的用户转化率。

返利网成立于 2006 年，其商业模式并不复杂。简单来说，用户通过返利网端口进入 B2C 网站如京东商城、亚马孙中国等进行购物时，可以获得返利网给予的积分；当积分累积到一定规模便可以折现返还。其实，折现返还给消费者的实惠是 B2C 网站支付给它的广告费用，而返利网的收入来自其中的利差。

2007 年，葛永昌在工作之余研发了返利网。当时，他已经有了 5 年多的互联网技术从业经验。一次偶然的机遇，葛永昌邂逅了美国 Pactec 软件，一个能够给企业带来订单又能帮助用户省钱的赚钱软件。

仔细研究 Pactec 的模式之后，葛永昌意识到，这种一举三得的模式似乎也可以运用在 B2C 领域，他便在工作之余，自己开发了返利网。

普通的购物网站用户转化率只有 1‰，即使是京东商城、淘宝也分别只有 3% 和 7%，而返利网的用户转化率高达 25%。

由于此类服务网站属于轻资产运营，葛永昌只投入了十几万元，在短短几个月内便开始赢利，葛永昌索性辞去工作。2010 年，随着 B2C 网络购物井喷式发展，返利网也迎来了真正的爆发性增长。

目前，返利网注册用户已经多达 300 万，每月新增用户 30 万～50 万，每月会生成 5 万笔订单，为 B2C 网站带去超过 3 亿元人民币的销售额，为此，返利网每月差不多要给消费者带来 500 万～600 万元的返利优惠。

目前，返利网正试图让入口变得更像一个社区，一来便于吸引更多的用户参与使用，二来也能增加现有用户的黏性，真正地留住他们。为此，返利网建立了自己的论坛，每天都有上万张照片上传进行晒单，分享购物体验。不仅如此，返利网还为他们开设了 C2C 的优惠券交易平台。

300 万注册用户对于返利网来说，已足以支撑它的运营。葛永昌坚信，随着 B2C 电子商务的持续发展，返利网依旧还有很大的发展空间。

2. 客多传媒

客多传媒是在寻求为店铺做更精准、低成本的营销，即 B2B2C 模式。

客多传媒成立于 2007 年。基于店铺的这种需求，客多传媒开发出了客多宝软件，将不具同业竞争的店铺在营销上整合起来。

这种模式具体做法是：在店铺中设置液晶屏作为展示窗口，商盟里店铺的打折等促销信息会在屏幕上滚动显示。在推广的初期，由客多传媒主导，一个店铺目前可以和十几家店铺结盟。当联盟结成后，店铺所要做的就是根据比较“淡”的时段，设计要推出的优惠，然后把广告投放在周边店铺的液晶屏上。例如，消费者在一家餐馆吃饭时，就可以看到旁边理发店的促销信息。

客多传媒收费采取年费为主，小店铺6980元一年，有几个收银台的单店9980元一年；连锁店、总店每年需交纳16800元，每一个分店再加收6980元。此外，商家向会员发送短信、彩信，则需要向客多传媒采购，客多传媒再与中国移动、中国联通分成。如果店铺需要客多传媒替它做推广，则需向客多传媒支付交易额的10%，这一点类似团购。

归根结底，客多传媒是在寻求为店铺做更精准、更低成本的营销，即B2B2C模式。这是一个类似QQ群的软件，它是开放的，店铺可以自主增加盟友。

在郑志祥看来，理想状态是店铺像装电话一样需要客多宝，客多传媒以后可能会设实体的营业厅，也可能只设在网站上。

3. 乐行网

乐行网与乐淘、好乐买等其他鞋类电子商务有一个相似的开头，却走上了一条完全不同的发展道路。

2008年8月，有着20年IT从业经验的姜杰对电子商务产生了浓厚的兴趣。在简单分析过服装、鞋包、日用百货等多种品类的电子商务化现状之后，姜杰将目光锁定在了鞋类产品的电子商务上。

2008年12月1日，乐行网正式上线，主要销售以自主品牌乐行仕为主的产品。在运营一段时间之后，姜杰发现乐行仕的品牌发展比预期的要好，于是，开始和淘宝商城、拍拍网、当当网等渠道商合作。2010年，上线仅仅一年的乐行仕的销售额达到了2000万元。

相比淘品牌，它的优势在于，首先它是一个定位在中高端、具有完全自主开发权的品牌。随着时间的积累，品牌价值也在逐渐升高。同时经过两年的摸索，乐行仕有了一些稳定的工厂合作资源。另外，相比淘品牌，除了淘宝商城等第三方渠道资源外，乐行仕还有自己的销售平台，受第三方限制的可能性更低。

另外一方面的竞争则来自与乐行仕相似、完全依托于互联网的网络品牌商。在淘宝商城，与乐行仕相似的淘品牌并不少，并且，更多的新兴网络品牌也在不断出现。以上两方面的竞争必然会让乐行仕面临比较严峻的竞争。

4. 每克拉美

2010 年，做过互联网、投资过商业地产的郝毅，决定做一些商业模式上创新的生意，并把目光投向了珠宝行业。充斥满大街的珠宝城以及名目众多的品牌，让这个历史悠久的行业，无论是生产环节还是渠道看上去都很拥挤，但在分析之后，郝毅依然觉得这个市场大有可为。

郝毅想要以另外一种方式切入珠宝行业——专业卖场。与遍布大街的珠宝城不同，郝毅想要做一家在全国范围内价格最优、规模最大、品种最全的专业卖场，并将业务集中在钻石这一品类。

2010 年元旦，第一家每克拉美钻石广场在北京蓝色港湾购物中心正式开业。开业后，每克拉美一方面投入了大量精力进行市场营销活动；另一方面，也通过各种方式来打消消费者的疑虑。

普通消费者购买宝石，最大的疑虑莫过于对宝石价值的判断。不同于翡翠、玉等宝石，钻石可以根据重量、颜色、净度、切割的不同而形成国际认证产品。每克拉美为商场中每一个待售产品出具两份证书，一份是国际上通行的 GIA，另外是由中国国家宝玉石检验中心出具的证书。2010 年，每克拉美的销售额为 3 亿元。

5. 荣昌科技

荣昌科技服务有限责任公司董事长兼总经理张荣耀试图翻新这个传统行业的商业模式，他在 2001 年就开始思考如何破解“一店一（洗衣）机”

的复制和扩张方式。到了 2008 年，他名片上的公司介绍悄然从“荣昌洗衣”变成了“荣昌科技”。这时，张荣耀希望荣昌的商业模式能跳出洗衣业，做一个家庭服务的集成商。

从 2001 年开始，洗衣业繁荣背后的隐疾开始越来越显性化，比如相对每一个洗衣店的规模、赢利能力和投资回报周期来看，每个洗衣店包括干洗机、水洗机、烘干、熨烫在内的一套设备就是一笔不小的投资，此后虽然不需要再追加大的投资，但劳动力和铺面租金水涨船高也必然会让洗衣店不堪重负。

张荣耀如坐针毡，他形容自己当时的心情是：如果没有购买设备的钱了，该怎么办？而且这里面并不是只有一个难题，每个难题又都很难解决。

通过两年的思考和学习，张荣耀为荣昌重新制定了商业模式：“一带四”+联网卡。

“一带四”模式，是指放缓设备店的扩张，加速收衣点建设，比如，每开一家设备店，都会搭配四家收衣点提供业务支持。其中设备店八成以上为加盟店，收衣点全部为直营店。

这种模式虽然在一定时间内，限制了荣昌过去“卖设备”攒钱的路径，但更符合一种合理配置产能、相对“轻资产化”的运营模式，比如，收衣点占地面积 3～5 平方米就够，而且初始投入成本也非常低；网点设置也非常灵活，比如，荣昌已经跟家乐福等超市达成协议，不止在社区，还在超市这样的卖场设置收衣点。此外，由于收衣点在为设备店配送“货源”的同时也可以享受“佣金”，也扩展了荣昌的赢利模式。

公司从 2002 年开始，就专门组建团队开发信息化系统，这为发行联网卡提供了最重要的 IT 支持能力。同时，为了保证联网卡的畅通无阻，总部也制定了一些强力政策，比如严格禁止加盟店私自发行，而拒绝采用联网卡系统的加盟店，可能会被“摘牌子”。

参 考 文 献

[1] 赵为民，饶润平．低成本为王：揭秘格兰仕纵横全球的赢利模式［M］．北京：世界知识出版社，2008.

[2] 哈默．终极竞争：占领赢得未来的制高点［M］．钱峰，译．北京：中国电力出版社，2013.

[3] 李文．从利润管理到价值管理：商业银行资本管理探析［M］．北京：中国金融出版社，2007.

[4] 斯莱沃斯基，等．发现利润区（白金版）［M］．凌晓东，等，译．北京：中信出版社，2010.

[5] 儿玉尚彦．增加公司现金流的黄金法则［M］．曹逸冰，译．北京：中国人民大学出版社，2011.

[6] 向松祚．争夺制高点：全球大变局下的金融战略［M］．北京：中国发展出版社，2013.

[7] 林伟贤，罗云怀．定位：企业利润的 GPS 导航［M］．北京：北京联合出版公司，2011.

[8] 禹志．利润中心型 HR 管理模式［M］．广州：广东旅游出版社，2014.

[9] 王建华．利润的雪球：中国本土市场 30 种盈利模式［M］．北京：企业管理出版社，2013.

[10] 谢继东．战略盈利模式：价值链利润倍增方程［M］．北京：企业管理出版社，2013.